AF279068

LE
GOUVERNEMENT PARLEMENTAIRE

ÉTUDIÉ

DANS LES SESSIONS DE 1839, 1840 ET 1841.

A Messieurs les Électeurs du collége de Bourbonne,

RENARD-ATHANASE, Député de la Haute-Marne.

PARIS,

IMPRIMERIE ADMINISTRATIVE DE PAUL DUPONT ET Cⁱᵉ,

RUE DE GRENELLE-SAINT-HONORÉ, Nᵒ 55.

1841.

LE
GOUVERNEMENT PARLEMENTAIRE

ÉTUDIÉ

DANS LES SESSIONS DE 1839, 1840 ET 1841.

————————

A Messieurs les Electeurs du collége de Bourbonne.

Messieurs,

Dans le dernier écrit que j'ai eu l'honneur de vous adresser, je vous ai présenté un rapide aperçu des principales questions qui ont été soulevées dans le cours de la dernière législature, et des faits qui ont amené l'espèce de conjuration parlementaire à laquelle on a donné le nom de coalition.

Je me suis contenté de vous indiquer, en peu de mots, les tendances de ce parti hétérogène, accidentellement formé par la réunion d'hommes appartenant à toutes les fractions de la chambre, et dans lequel on voyait avec étonnement combattre sous le même drapeau les représentans des opinions les plus opposées.

Quant au manifeste de la coalition, quant à ce projet d'adresse offert à toutes les passions qui divisent la chambre et le pays, je m'étais dit ceci :

De deux choses l'une, ou ce manifeste est sérieux, et dans ce cas je ne pouvais m'associer à des doctrines qui tendaient, d'une manière patente, à la violation de la Charte, ainsi que des traités consentis par la France elle-même; ou il ne doit être considéré que comme un épouvantail, un expédient de

I.

tactique parlementaire, imaginé pour les besoins du moment, et il ne me convenait pas davantage de me prêter à cette combinaison.

D'après tout ce qui s'est passé, d'après tout ce qui a été dit et fait, cette dernière hypothèse me paraît la plus généralement vraie; les rédacteurs de l'adresse n'avaient pas en vue, j'aime à le penser, la violation de la Charte; ils ne songeaient pas davantage à la violation d'un traité quelconque. On sait du moins qu'ils ont protesté contre cette supposition. Je ne les accuse donc ici que d'erreur ou d'entraînement, car ils étaient malheureusement dans une disposition d'esprit qui ne leur permettait pas de se tenir assez en garde contre eux-mêmes, et de se demander s'ils ne mettaient pas leur intelligence au service de leurs passions.

Quant aux partis extrêmes de la chambre, aux ennemis nés de nos institutions, à tous ceux qui en désirent le renversement, et qui n'y mettent pas de mystère, on conçoit parfaitement que l'adresse était pour eux une bonne fortune, et qu'ils la comprenaient assez pour en être contens.

La lutte entre le ministère et la coalition a porté particulièrement sur un des principes fondamentaux de notre droit constitutionnel, et sur la théorie d'une nouvelle espèce de gouvernement qui s'est essayé depuis deux ans sous le nom de *gouvernement parlementaire*.

Nous apprécierons cette théorie, car elle n'est pas encore entièrement abandonnée ou désavouée, bien qu'elle ait insensiblement perdu beaucoup de terrain dans la chambre. Nous en suivrons pas à pas toutes les vicissitudes, depuis l'adresse de la coalition jusqu'à celle qui vient d'être votée, inclusivement. Notre attention se portera ensuite sur les autres questions de politique intérieure, et sur celles de politique extérieure, dont la chambre a été saisie depuis la même époque.

De la théorie et de la pratique du gouvernement dit parlementaire, considérées comme une violation des articles 12, 13 et 14 de la Charte de 1830.

Je commence par rappeler ces articles. Il est bon de les avoir sous les yeux.

Art. 12. La personne du Roi est inviolable et sacrée. Les ministres sont responsables. Au Roi seul appartient la puissance exécutive.

Art. 13. Le Roi est le chef suprême de l'État, etc. (Suit le détail de ses prérogatives et attributions dans le gouvernement.)

Art. 14. La puissance législative s'exerce collectivement, par le Roi, la Chambre des pairs et la Chambre des députés.

Ces trois articles se rencontrent dans le titre 2 de la Charte, ainsi conçu : *Formes du gouvernement du Roi.*

Ce qu'il est bon de rappeler aussi, c'est que, dans son acception la plus générale et la plus étendue, le gouvernement fondé par la Charte de 1830 était connu sous le nom de gouvernement constitutionnel ou représentatif, et qu'avant l'époque où la coalition s'est formée, nous n'avions pas encore entendu parler du *gouvernement parlementaire.*

Une autre chose encore à noter soigneusement, c'est que, parmi les commissaires de la fameuse adresse de 1839, on pouvait compter les hommes qui avaient le plus puissamment contribué à soutenir et à faire adopter les lois de septembre 1835 ; et personne n'ignore que ces lois ont eu principalement pour objet de fortifier le principe de l'inviolabilité royale, écrit dans la constitution.

L'article qui s'y rapporte (art. 4) est ainsi conçu :

« Quiconque fera remonter jusqu'au Roi le blâme ou la responsabilité des actes de son gouvernement sera puni d'un emprisonnement d'un mois à un an, et d'une amende de cinq cents à cinq mille francs. »

Cela posé, nous apprécierons mieux ce que signifient les diverses formules imaginées dans ces derniers temps, pour éluder plus ou moins habilement les principes consacrés par la Charte, et nous serons aussi mieux en position de montrer tout ce que de pareilles tentatives offrent à la fois de coupable et de dangereux.

Mais, avant d'entrer dans le détail des faits principaux qui ont caractérisé l'avènement du gouvernement parlementaire, il convient de rappeler certains précédens qui n'ont pas été sans influence sur l'esprit public, et particulièrement sur les dispositions de la chambre des députés. Ces précédens me fournissent le sujet d'une première partie, dont je vous adresse aujourd'hui les développemens.

Première partie.

Des rapports du roi avec ses ministres et de la part qui lui est faite dans le gouvernement.

Le point de vue le plus large auquel on ait pu se rattacher pour caractériser les divergences d'opinions qui existent entre les partis constitutionnels ou dynastiques de la chambre, est celui du *quoique* de M. Dupin, opposé au *parce que* de M. Guizot. On sait en effet que, dans l'opinion de M. Dupin, Louis-Philippe aurait été porté au trône, malgré sa qualité de Bourbon, tandis que dans celle de M. Guizot, le choix du nouveau souverain aurait été particulièrement fondé sur la considération d'une sorte de *quasi légitimité*, qui se réalisait dans sa personne.

Je n'ai jamais été très touché de cette distinction. En fait, il est évident pour tous les esprits non prévenus que le choix de Louis-Philippe a été dicté par l'une et par l'autre de ces considérations. Sa position le rendait, en effet, parfaitement propre à rallier toutes les opinions et à concilier tous les intérêts.

Quant au principe, il ne paraît pas ici sérieusement engagé. Quels que soient les sentimens divers au nom desquels se soit produit l'avénement de Louis-Philippe au trône, on peut dire que, dans l'esprit de M. Dupin, comme dans celui de M. Guizot, ces sentimens se trouvaient tous absorbés, confondus dans le principe de la souveraineté nationale, unanimement reconnu et proclamé; et c'est ainsi que la royauté nouvelle est devenue, sous les auspices de Lafayette lui-même, un des élémens de cette souveraineté que les deux autres pouvoirs de l'état concouraient à représenter d'une manière aussi satisfaisante et complète que possible, eu égard aux embarras, aux nécessités, aux périls même de la situation et à l'état des esprits.

Quoi qu'il en soit, l'honorable M. Dupin, établi sur la doctrine du *quoique*, qui n'était véritablement dans son esprit qu'une sorte de protestation contre les souvenirs de la Charte octroyée et contre les dangers d'un nouveau *parce que*, fut conduit de proche en proche à sa fameuse découverte de la *présidence réelle*.

Il entendait par ces mots que, non seulement il y aurait un président du conseil des ministres qui, pour me servir de ses propres expressions, serait la personnification du ministère dans les rapports de ce dernier avec le roi et avec les chambres (et jusque là je suis parfaitement d'accord avec lui, car un ministère sans président serait véritablement un corps sans tête), mais il semblait, de plus, établir en principe que le ministère ainsi composé devenait aussitôt la représentation du pouvoir royal à l'exclusion du roi lui-même; et telle était en effet dans tous les esprits la portée du mot *réelle*.

L'honorable M. Dupin transférait ainsi de son autorité privée, au président du conseil des ministres, la part d'action réservée au roi dans le gouvernement. C'était, comme on le voit, une véritable substitution. C'était mettre à la place du pouvoir royal un autre pouvoir qui n'a point de nom dans la Charte et auquel, d'après sa nature, on ne pourrait donner d'autre dénomination que celle de *pouvoir ministériel.*

Et, pour achever de rendre cette théorie spécieuse, on ajoutait (ce n'était peut-être pas M. Dupin qui le faisait), mais alors on ajoutait pour lui que le principe de l'inviolabilité royale emportait avec lui la nécessité d'une complète inaction de la part du roi, que le bénéfice de cette inviolabilité ne pouvait lui être appliqué raisonnablement qu'à la stricte condition qu'il ne se mêlerait absolument de rien ; et que cette annulation de sa volonté propre était d'autant plus rigoureusement indiquée et commandée que la responsabilité des actes faits en son nom ne pouvait et ne devait, aux termes de la constitution, peser que sur ses ministres.

A ce compte, en effet, ce serait bien la moindre chose qu'il fût inviolable, et je ne vois pas qu'on lui aurait fait une bien grande faveur.

C'est alors aussi que fut reproduite à l'appui du nouveau principe de la *présidence réelle,* et toujours aux dépens du pouvoir royal, une maxime qui n'avait été considérée primitivement que comme un hommage au principe de l'inviolabilité de ce pouvoir et dont la véritable signification n'allait pas au delà. Je veux parler ici de la maxime si connue : *le roi règne et ne gouverne pas,* c'est-à-dire le roi ne peut faillir en ce sens qu'il n'est pas personnellement responsable des actes de son gouvernement. Comment ne pas voir, en effet, qu'en prenant cette formule à la lettre, on se mettait aussitôt en contradiction formelle avec la Charte, et que dès lors elle devenait un non-sens, une véritable subtilité ?

L'interprétation donnée à la maxime que je viens de rappeler fut, il faut en convenir, un piège habilement tendu par les ennemis de nos institutions ; et c'est pour y avoir été pris que l'honorable M. Persil ne fit que la gâter en essayant de l'expliquer par celle-ci : *le roi règne, gouverne et n'administre pas.*

La vérité est que le roi n'entre pas lui-même dans les détails de l'administration, bien qu'il soit le chef du pouvoir exécutif et que son nom intervienne par conséquent dans les actes de l'administration; mais n'était-ce pas encore ici sacrifier le principe au fait et professer une hérésie constitutionnelle?

Il en serait de même à plus forte raison des actes du gouvernement proprement dit. On sait très bien que le roi ne gouverne pas toujours en fait. Il n'est même pas nécessaire que cela soit; et sous ce rapport il n'est pas de supposition qui ne me paraisse admissible. Ainsi je conçois très bien qu'un homme appelé à entrer dans les conseils du roi fasse ses conditions. Je conçois que, dans une position semblable et en face d'une si grande responsabilité, un homme puisse se rencontrer qui dise au roi : « Je veux bien accepter la responsabilité du gouvernement, mais à la condition que vous me laisserez faire et que je n'aurai à prendre conseil que de moi. » Cela n'a rien d'inconstitutionnel, et ne pourrait devenir inconvenant que dans le cas où l'homme d'état qui tiendrait un pareil langage y serait conduit, non par des considérations graves et puisées dans la nature des choses ou dans le sentiment de la nécessité, mais par un esprit de bravade ou d'ostentation.

Je conçois également une position tout inverse et qui pourrait s'expliquer par un effet des dispositions d'esprit que tel autre homme apporterait dans les affaires ou de la haute opinion qu'il se serait formée des lumières et de l'expérience du roi. Tout cela, je le répète, est également admissible. Il n'y a rien là que de normal; et de pareils faits peuvent se réaliser du plus au moins, sans inconvénient, sans péril, et j'ajouterai même, pour le plus grand bien du pays. Cela est tellement dans la nature des choses et dans l'esprit de notre gouvernement, qui admet le principe de l'hérédité, que, par une conséquence même de ce principe, on peut s'attendre à rencontrer, dans les différentes phases d'une dynastie, des rois plus ou moins capables, et même des rois tout-à-fait incapables de présider à l'action ministérielle ou d'y participer. Ce sont autant de cas susceptibles de faire varier à l'infini les rapports de position qui peuvent exister entre les ministres et le roi ; mais je dis dès à présent que les chambres n'ont point à s'immiscer dans la question de ces rapports. Elles n'ont devant elles que les ministres eux-mêmes et n'ont rien à voir au delà, derrière ou à côté. Toute prétention contraire à ce principe serait, dans l'ordre des choses politiques, un acte d'empiétement sur le domaine du pouvoir royal ; une violation flagrante de notre droit constitutionnel. Elle serait encore à mes yeux, dans l'ordre des choses morales, une sorte de violation des libertés individuelles, entièrement dépourvue de sanction pratique à l'égard du roi comme de ses ministres, et par cela même une véritable impossibilité.

Ce n'est pas ainsi que l'entendent nos tacticiens parlementaires, espèce de nouveaux casuistes ; et si je me laisse aller à cette comparaison, c'est qu'en effet nous voyons déjà percer en eux cet esprit d'envahissement qui caractérisait leurs devanciers, ce besoin de porter le trouble et la confusion dans les idées par une insidieuse altération du langage, et de régner ainsi par l'équivoque, au mépris de la raison publique, et sur la ruine des principes même au nom desquels ils cherchent à se concilier les faveurs de l'opinion.

C'est en vain que des voix éloquentes ont protesté contre toutes ces théories de fraîche date, arrangées après coup, théories qui, toutes spécieuses qu'elles soient, ne pouvaient, en tout état de cause, prévaloir contre la constitution, et se trouvaient évidemment dépourvues de toute valeur, en tant qu'elles lui étaient contraires ; elles ne tardèrent pas à devenir contagieuses ; et il demeura convenu d'abord, assez généralement, que le roi pouvait bien, à la vérité, régner, c'est-à-dire *trôner* comme un vain fantôme de pouvoir, et comme une sorte de décoration dans l'État, mais qu'il ne devait pas concourir au gouvernement, c'est-à-dire exercer les attributions qui lui sont cependant conférées par la Charte.

Et qu'on ne dise pas que, dans ce système, il lui resterait au moins le droit de choisir ses ministres et de les remplacer librement par d'autres. On a encore trouvé moyen de lui contester ce droit. Tout le monde sait, en effet, qu'un des esprits les plus distingués de la chambre a donné ses soins au développement d'une théorie, de laquelle il suit que la *désignation*, sinon le choix des ministres, appartient à la chambre des députés. Je veux parler ici de M. Duvergier de Hauranne, auteur d'un écrit qui a eu beaucoup de retentissement (1).

Cet écrit ne contenait peut-être pas, dans la première intention de son auteur, tout ce qu'on a voulu y voir, et tout ce qu'on en a tiré depuis sa publication. Pour s'en former une idée juste, il importe de considérer que M. Duvergier de Hauranne avait particulièrement en vue la réfutation des doctrines de MM. His et Fonfrède, doctrines qui tendaient à consacrer la prépondérance nécessaire du pouvoir royal sur les deux autres pouvoirs de l'État. Cette prétention pouvant être dangereuse, et reposant véritablement sur un principe faux, je ne suis point surpris que M. Duvergier de Hauranne ait éprouvé le besoin de la repousser ; mais il a, suivant moi, dépassé le but en revendiquant, pour la chambre des députés, cette même prépondérance que MM. His et Fonfrède attribuaient au pouvoir royal.

Hâtons-nous de remarquer, toutefois, que M. Duvergier de Hauranne a pris soin de déclarer qu'il n'entendait pas ériger en principe et en droit permanent cette prépondérance de la chambre des députés. Ce n'était, à ses yeux, si je l'ai bien compris, qu'une sorte de raison de fait ou d'*ultima ratio*, susceptible de se réaliser d'une manière accidentelle et transitoire, en cas de *dissentiment prolongé* entre les pouvoirs de l'État.

Quoi qu'il en soit, dès l'instant que la prépondérance de fait, attribuée par M. Duvergier de Hauranne à la chambre

(1) *De la chambre des députés dans le gouvernement représentatif,* mars 1838.

des députés, même avec les adoucissemens et les atténuations qu'il avait pris soin d'y apporter, put être considérée comme admise, il ne pouvait dépendre de lui, quand même il en aurait eu la volonté, d'empêcher qu'elle ne fût promptement érigée en principe général et absolu, en axiome de notre gouvernement représentatif; et c'est en effet ce qui ne manqua pas d'arriver.

Tels ont été nos premiers pas dans la carrière glissante où nous avons depuis fait tant de chemin. C'était d'abord une pente insensible, à la vérité; mais c'était une pente, un commencement d'atteinte à l'équilibre des pouvoirs constitutionnels; et rien ne pouvait être plus inopportun, plus dangereux qu'un ébranlement de cette nature, à l'issue d'une révolution. Le gouvernement de Charles X avait péri pour avoir abusé de son principe; et déjà le gouvernement qui le remplaçait voulait abuser du sien.

Ne vous étonnez pas du soin que j'attache à tous ces détails: ils sont plus importans que vous ne voudriez le croire. On a fait sur tout cela de grands discours; on y a trouvé des questions de cabinet, de graves sujets de discussion, qui ont amené des crises ministérielles prolongées. L'opinion s'en est vivement émue. Tout le pays en a profondément souffert; et puisque nous passons malheureusement, dans de pareils débats, la plus grande partie de notre temps à la chambre, il faut bien que vous accordiez quelques momens du vôtre à l'exposé que je vous en fais.

De la part d'influence accordée au roi sur la formation du ministère.

Nous faisions remarquer, il n'y a qu'un instant, que, par suite des doctrines de M. Dupin, sur *la présidence réelle*, et de l'interprétation donnée à la vieille maxime anglaise: *Le Roi ne peut faillir*, ou en d'autres termes: *Le Roi règne et ne gouverne pas*, le pouvoir royal avait subi une véritable transmutation, par suite de laquelle on le faisait dégénérer en *pouvoir ministériel.* Il y avait là un premier degré de décomposition du gouvernement constitutionnel établi par la Charte de 1830. On sentit bientôt la nécessité d'un mot nouveau pour exprimer une idée nouvelle ; et en effet le *gouvernement parlementaire* ne se fit pas long-temps attendre.

Nous allons assister à l'intronisation de ce gouvernement, sous les auspices de l'honorable M. Duvergier de Hauranne, qui a bien voulu s'en charger.

Qui ne croirait au moins que, sous l'empire d'une constitution qui consacre le principe de deux chambres, les mots *gouvernement parlementaire et parlement* ne dussent être entendus de toutes les deux, c'est-à-dire de leur action concurrente et justement équilibrée ?

Il n'en est rien cependant : c'est M. Duvergier de Hauranne qui va nous le dire.

Nous le voyons, dans son écrit, commencer, il est vrai, par faire beaucoup de complimens à la chambre des pairs ; mais il finit par déclarer qu'il ne la trouve pas constituée, suivant des conditions qui lui permettent de lutter d'égale à égale avec les deux autres pouvoirs. Tout ce qu'elle peut faire, suivant lui, est *d'apporter un poids considérable dans la balance, en se portant, soit d'un côté, soit de l'autre ; mais elle ne peut la faire pencher toute seule ;* et les deux seuls pouvoirs dont nous ayons en définitive à tenir un compte sérieux, sont la chambre élective et la royauté.

Je ne voudrais pas examiner si en effet la chambre des pairs est, en raison même de son organisation, dans un état permanent d'infériorité relative, et si elle n'aurait pas dû être plus fortement constituée ; si dépouillée de l'hérédité, par des considérations puisées dans nos mœurs, et dans une juste appréciation de nos grands intérêts nationaux, elle n'aurait pas dû être élective. Il y a là cependant une question grave, une question que M. Duvergier de Hauranne était en conscience obligé, lui, d'examiner, dès l'instant que par des raisons fondées sur la constitution même de la chambre des pairs, il se décidait à déclarer qu'elle ne pouvait jouer qu'un rôle secondaire à côté des deux autres pouvoirs de l'État.

Les raisons qu'il donne de cette infériorité, c'est que la chambre des pairs ne jouit pas, comme les deux autres pouvoirs de l'État, *d'une vie propre à elle, et qu'elle n'est pas indépendante par sa nature.* Je veux bien admettre cela; mais est-il bon qu'il en soit ainsi? Telle est la grande question. Si cela est bon, pas de difficulté; si cela est fâcheux, comme je le crois, j'aurais le droit de regretter que M. Duvergier de Hauranne eût argué, d'un fait vrai, pour aggraver les conséquences d'un état de choses qui serait mauvais en principe; et je suis d'autant plus fondé à témoigner ce regret, que plusieurs publicistes ont déjà senti et indiqué la nécessité d'apporter un remède au mal, en modifiant l'organisation de la pairie, de manière à lui donner précisément ce qui lui manque, au dire de M. Duvergier de Hauranne, c'est-à-dire une existence indépendante et une vie propre à elle.

On peut concevoir maintenant tout ce qu'il y a d'inconstitutionnel et de dangereux dans l'argumentation de M. Duvergier de Hauranne. La pairie se présente à lui faiblement constituée, mais cependant réputée, comme pouvoir législatif, égale aux deux autres pouvoirs de l'État. Quelle est, dans cette situation, la conduite de M. Duvergier de Hauranne? Il sacrifie, sans façon, le principe au fait, et, proclamant ainsi l'infériorité de la chambre des pairs, il accroît aussitôt, de tout ce qu'il peut enlever à son influence légitime et à son autorité, l'importance relative de la chambre des députés.

Cette infériorité de fait, une fois constatée et proclamée, n'équivaut-elle pas, je le demande, à une sorte d'anéantissement politique? Et quant au pouvoir royal, au profit duquel on semble revendiquer une partie de l'influence qu'on enlève à la chambre des pairs, en quoi pourrait-il en profiter, dans la position secondaire où il est lui-même placé, relativement à la chambre des députés, par M. Duvergier de Hauranne? Et n'avons-nous pas vu précédemment que ce pouvoir n'existe déjà plus que de nom, puisque, dans le gouvernement parlementaire, il ne serait en réalité que le pouvoir ministériel lui-même?

On veut bien, à la vérité, que le roi intervienne dans la constitution du pouvoir ministériel; mais, le ministère une fois constitué, le roi ne peut, comme nous savons, exercer aucune sorte d'action sur lui. La seule question qui reste donc en litige est celle de savoir jusqu'à quel point le roi peut être libre dans le choix des hommes destinés à représenter au moins son pouvoir, si pouvoir il y a.

C'est ce que M. Duvergier de Hauranne va nous apprendre.

Et d'abord il nous dit que le ministère *ne doit pas seulement représenter le roi, qu'il doit participer à la fois des trois pouvoirs, emprunter à chacun une portion de sa vie propre, attendu que son rôle véritable est celui d'un intermédiaire,* etc.

Remarquons, en premier lieu, sur ceci qu'il serait assez difficile d'emprunter à la chambre des pairs une portion de sa vie propre, attendu que, suivant M. Duvergier de Hauranne, elle n'a pas de vie propre. On voit, ainsi du premier coup, qu'il n'y a pas sérieusement à s'occuper de la chambre des pairs en ce qui peut concerner la formation du ministère; et, à cet égard, il est au moins une justice que je dois rendre à tous ceux qui se sont mis à la suite du système de M. Duvergier de Hauranne. Ils en ont parfaitement tiré les conséquences. On a fait dans les grandes occasions quelques complimens officiels à la chambre des pairs; et voilà tout. Du reste, on s'est médiocrement ému des attaques dirigées contre elle; et, si je voulais tout croire, il paraît qu'on s'en serait même accommodé.

Passons maintenant à la royauté. Nous avons déjà vu que le ministère n'était pas destiné seulement à la représenter, ce qui signifie clairement, au point où nous en sommes arrivés, qu'il doit surtout représenter la chambre des députés. Telle est, en effet, la conséquence des théories de M. Duvergier de Hauranne ; et de courtes citations suffiront pour le prouver.

Il prend soin de déclarer, avant tout, que *l'ordonnance royale qui confère le titre de ministre ne confère pas nécessairement l'autorité.*

Les chambres ne nomment pas les ministres, dit M. Duvergier de Hauranne ; mais *elles désignent*, par une sorte de notoriété publique, ceux qui sont susceptibles de le devenir ; et *il appartient ensuite* à la royauté de choisir ceux qui lui conviennent le mieux.

Une condition nécessaire, et sur laquelle il ne manque pas d'insister, c'est qu'ils soient choisis *parmi les hommes les plus intelligens, parmi ceux qui exercent sur les chambres une influence sérieuse et qu'elles sont habituées à considérer comme leurs chefs.*

Rien n'empêche pourtant le roi de sortir quelquefois du *cercle tracé* et d'appeler à la direction des affaires des capacités inconnues ; mais *c'est à la condition que ces capacités justifieront promptement cette préférence, en se faisant non seulement supporter, mais accepter et adopter par les deux autres pouvoirs.*

Ces réserves et ces conditions n'ont point toutefois pour effet, selon M. Duvergier de Hauranne, d'attenter au droit dont la royauté est *exclusivement* investie par la Charte. Elles signifient seulement que la royauté doit user de ce droit *raisonnablement, sagement, conformément à la nature des choses et aux nécessités de gouvernement.*

Je me vois encore une fois obligé de remarquer, bien malgré moi, que dans l'état de choses nouveau créé par le gouvernement parlementaire, il n'est pas possible d'attribuer à la pairie une part quelconque d'influence sur la formation du ministère, en ce qui touche à la signification politique de ce dernier. On sent trop que, si la chambre des pairs est ici rappelée d'une manière implicite, ce ne peut être absolument que pour mémoire et par des raisons de haute convenance en dehors desquelles il eût été bien difficile de se placer.

Restent donc, au point de vue dont nous nous occupons, la chambre élective et la royauté, comme étant les deux seuls pouvoirs auxquels il serait donné d'exercer, en définitive, une influence réelle sur la formation du ministère. On voit clairement que telle est, en effet, la pensée de M. Duvergier de Hauranne. Il n'en a pas d'autre ; et nous nous croyons parfaitement fondé à la dire en dégageant ses théories de toutes les précautions oratoires et de toutes les distinctions dont il a pris soin de les envelopper.

Nous pouvons juger maintenant du degré de liberté qu'il veut bien concéder au roi dans le choix de ses ministres, après avoir eu soin de nous rappeler lui-même que le roi est *exclusivement* investi par la constitution du droit d'exercer le choix dont il s'agit.

A quoi se réduit, je le demande, un pareil droit, quand on vient nous dire en même temps que l'ordonnance royale peut bien conférer le titre, mais *qu'elle ne confère pas nécessairement l'autorité ;* que l'initiative de ce droit n'appartient pas véritablement au roi ; qu'il ne peut en user qu'en choisissant parmi les hommes *notoirement désignés* par la chambre des députés, c'est-à-dire dans un *cercle tracé* par elle où il devra se renfermer et dont il ne pourra sortir exceptionnellement que sous le bénéfice des réserves de la chambre et à la condition que ses choix pour être *acceptés et supportés* seront faits *raisonnablement, sagement ?*

Je laisse à la raison de chacun le soin d'apprécier cette théorie : mais, de bonne foi, peut-on dire que le roi soit *libre* de choisir ses ministres à de pareilles conditions ? et n'est-il pas dérisoire de le dire au nom de la constitution même en vertu de laquelle on le déclare *exclusivement* investi du droit de les désigner ? A quoi bon tous ces détours ? et pourquoi ne pas dire ouvertement qu'à la chambre des députés seule appartient le droit de nommer les ministres ? On pourrait se

2

tromper, violer la constitution; mais on aurait du moins le mérite d'être logique et de parler comme on agit.

Je ne connais, quant à moi, qu'une manière légale et constitutionnelle de résister à l'action du pouvoir du roi s'exerçant dans le choix de ses ministres ou à l'action des ministres eux-mêmes, c'est de refuser à ceux-ci le concours de son adhésion, quand on croit devoir le faire en conscience, au point de vue des intérêts du pays et non point dans un intérêt d'opposition systématique, étroite et préméditée. Le droit de la chambre à ce sujet peut aller jusqu'au refus de l'impôt, *puisqu'elle tient*, comme on l'a dit, *les cordons de la bourse*; et quand on a des moyens de résistance aussi décisifs, il est permis, je crois, de se tranquilliser, en attendant que le moment soit venu de marquer son dissentiment sur un point particulier de la politique ou sur une direction que l'on croit funeste, ainsi que l'ont fait les 221 de la restauration : mais ce que je n'admets pas, ce que je repousse comme inconstitutionnel, c'est la prétention, érigée en principe, de restreindre *à priori* les prérogatives et les attributions du pouvoir royal, en organisant contre ce pouvoir un système de mesures préventives et coërcitives, aussi contraires à sa dignité qu'à la liberté de son action.

Les doctrines de M. Duvergier de Hauranne aboutissent, d'une manière évidente, au triomphe de l'arbitraire le plus désordonné, puisqu'elles tendent à substituer à l'exercice libre et régulier d'un droit constitutionnel accordé par la Charte au roi, le conflit des coteries, des caprices individuels et des rivalités qui s'agitent dans la chambre. Où peuvent s'arrêter de pareilles luttes, une fois que le principe en est posé et consacré dans les esprits? A quels signes reconnaîtra-t-on que les choix de la couronne auront été faits *raisonnablement, sagement*, et qu'on peut se résoudre à les *supporter*? Qui pourrait se charger de le dire, avec l'espoir de se faire écouter par une chambre fébricitante, où la majorité n'a fait que se dissoudre et se fractionner de plus en plus, depuis qu'elle est en proie aux brûlantes théories du gouvernement parlementaire?

« Il y a, dit M. Dupin (1), des *doctrinaires* dans tous les partis, c'est-à-dire des hommes qui ont des maximes générales, dont ils abusent, qu'ils mettent en avant ou qu'ils acceptent sans savoir souvent où cela peut les mener. » Ce mot est ici d'une application bien juste; et je ne puis que le recommander à tous ceux qui font des systèmes ou qui s'en laissent faire.

On me dira peut-être : « Mais, puisque dans un cas sérieux de dissidence entre le pouvoir royal et la chambre des députés, vous attribuez à celle-ci le droit de résister par un refus général de concours, exprimé au besoin par le refus de l'impôt, vous rentrez forcément dans le système de M. Duvergier de Hauranne, en ce sens que vous reconnaissez, que vous proclamez comme lui la prépondérance réelle de la chambre élective sur le pouvoir royal, et que cette prépondérance de fait, une fois admise, il n'y a plus de conséquence raisonnable et possible à en tirer, que celle de l'admission du système tout entier.

Je réponds que cette conclusion n'est pas le moins du monde contenue dans mes paroles. Il n'y a, suivant moi, qu'un pouvoir supérieur à tous les autres, et ce pouvoir est le corps électoral ou le pays, qui, témoin d'une lutte quelconque, engagée entre les pouvoirs constitués, peut donner raison à l'un ou à l'autre d'entre eux, tantôt à la chambre élective ou au roi, tantôt même à la chambre des pairs, ainsi qu'on l'a déjà vu, et que nous le verrons peut-être encore... Et pourquoi pas en effet? Qu'y a-t-il à cela d'impossible? Est-ce que par hasard on voudrait monopoliser le sentiment de la raison publique au profit d'une seule chambre? A quoi bon dès lors en avoir institué deux? Que signifieraient dans le gouvernement la chambre des pairs et le roi, s'il était reconnu que la

____

(1) Discours prononcé dans la séance du 9 janvier 1834.

chambre des députés fût véritablement prépondérante en principe et en fait?

La raison que M. Duvergier de Hauranne en donne est que cette chambre, *étant le pouvoir le plus rapproché du pays, est probablement celui qui exprime le mieux son état et ses besoins.* Mais il y a ici, nous devons le dire, de la part de M. Duvergier de Hauranne, une préoccupation bien étrange des prérogatives de la chambre à laquelle il appartient, puisqu'il peut arriver que le pays, consulté, donne tort à cette chambre, ainsi qu'il en convient lui-même.

Aucun des pouvoirs de l'État ne peut donc, en définitive, être déclaré prépondérant. J'ajouterai qu'il est contraire à l'esprit de notre constitution, qui les a créés tous les trois, contraire même au principe de la souveraineté nationale, au nom duquel ils ont été reconnus et institués, de dire que l'un des trois soit plus national que les deux autres, en ce sens qu'il serait *plus rapproché du pays.* Quant à moi, je les répute également nationaux, puisque la nation les a reconnus tous les trois nécessaires, en vertu du même principe.

Le plus rapproché du pays, c'est celui qui, dans un cas donné, comprend le mieux ses véritables intérêts. C'était en 1816 le pouvoir royal obtenant du pays la sanction d'une politique modérée, et faisant ainsi justice d'une chambre à laquelle la postérité conservera l'épithète *d'introuvable.* Ce fut en 1826 la chambre des pairs, rejetant la loi sur le droit d'aînesse, à une époque où les 300 de M. de Villèle, à la chambre des députés, l'auraient probablement sanctionnée. C'est enfin la chambre des députés elle-même, en 1830, exprimant les véritables dispositions du pays, dans l'adresse des 221.

Dans ce dernier cas encore, est-ce que la chambre des députés, toute seule, ou réduite à ses propres forces, aurait été prépondérante? Elle ne l'est devenue, en réalité, que par l'adhésion du pays, dont la volonté fortement exprimée, finit par se faire jour, en dépit des résistances d'un gouvernement qui s'étayait contre lui d'un droit réputé supérieur à lui, c'est-à-dire du principe de la charte octroyée.

Nous pouvons maintenant nous rendre compte de l'erreur ou de la contradiction dans laquelle est tombé M. Duvergier de Hauranne. Il a violé virtuellement la Charte, en rétrécissant, si je puis m'exprimer ainsi, la sphère de notre gouvernement représentatif, et en la resserrant par une sorte de condensation dans l'enceinte de la chambre des députés; mais ce ne n'est pas assez pour lui d'avoir ainsi réduit chacun des deux autres pouvoirs à l'état de *caput mortuum*, ou tout au moins d'avoir assigné contre eux à la chambre des députés le rôle d'un pouvoir absorbant et neutralisant, il ne tient à rien que cette chambre ne soit encore à ses yeux l'expression du pays tout entier; qu'elle le résume à elle seule, et qu'elle ne soit la véritable représentation du principe de sa souveraineté, tant il incline à la croire omnipotente, et à regarder ses arrêts comme décisifs *à priori* contre la royauté, dans toutes les questions relatives à la composition du ministère, et par conséquent à l'action même du gouvernement sur le pays.

La contradiction dans laquelle il tombe à cet égard est celle-ci : c'est qu'après avoir en effet, dans certaines parties de son écrit, distingué le pays de la chambre des députés, en reconnaissant que le pays pouvait quelquefois donner tort à celle-ci, les préoccupations habituelles et dominantes de son esprit ne tardent pas à le replacer sous le joug du principe faux qui se retrouve au fond de toutes les théories du gouvernement parlementaire, à savoir, que la chambre élective est la seule expression vraie du pays, et qu'elle doit être aussi par conséquent le seul et véritable siége du gouvernement.

C'est à l'aide de cette confusion d'idées que les théories du gouvernement parlementaire ont fait tant de progrès dans la chambre et dans le pays, car elles flattaient à la fois l'un et l'autre, aux dépens de la pairie et de la royauté, qu'elles tendaient à mettre en état de suspicion et d'interdit. Le mot d'ordre, à cet égard, est promptement devenu celui-ci : *La chambre des députés, c'est le pays : le pays, c'est la chambre des députés.* Partant, la chambre est tout. Soit.... Expliquons-nous cependant.

Croit-on cela bien sérieusement ?.. Non, puisqu'on a reconnu que le pays pouvait quelquefois donner tort à la chambre des députés ; mais on a surtout en vue d'empêcher que cela n'arrive. On ne veut pas que le pays devienne ici un trouble-fête, et, pour y parvenir, on cherche d'une part à lui persuader que sa cause est identifiée avec celle de la chambre, que ses intérêts ne sont fidèlement représentés que par elle, et qu'il n'a pas d'autre appui dans l'État, tandis que d'une autre part il n'est pas de défiances et de préventions qu'on ne s'attache à propager contre la pairie et contre la royauté, de telle sorte qu'on est venu à bout de les faire considérer comme les ennemies nées du peuple et de ses droits. Tel est bien l'état de l'opinion factice entretenue par les organes du gouvernement parlementaire.

Et qu'on n'ait pas la bonhomie de s'imaginer que les parlementaires aient en vue la suppression de la pairie ou le renversement de la royauté. Pas le moins du monde ; au contraire, ils y tiennent beaucoup, bien que ce ne soit pas sous les formes du respect : ils y tiennent à leur manière ; et je suis bien aise de vous en avertir dès à présent, pour aller au devant des préventions que vous auriez pu concevoir à ce sujet.

Vous aurez lieu de remarquer en effet, que la royauté et la pairie sont d'un très grand secours aux parlementaires, soit qu'étant hors du pouvoir ils veulent y arriver, soit qu'étant au pouvoir ils veulent y conserver les faveurs de l'opinion.

Et d'abord, pour y arriver, rien de plus efficace et de plus vulgaire en même temps, rien de plus propre à donner le change, à surprendre et à intéresser l'opinion que d'attaquer la pairie et surtout la royauté. C'est une manière de tirer au mur et de tenir son public en haleine, un passe-temps qu'on aurait bien tort de se refuser pour peu qu'on soit friand de popularité; car, à en juger par les effets, c'est peut-être encore aujourd'hui, sinon la meilleure manière de faire sa cour au roi, du moins le plus sûr moyen de s'en rapprocher et de faire son chemin près de lui. Cela est d'autant plus avantageux qu'on y gagne de tous les côtés; car, une fois entré dans la place, on n'a qu'un changement de front à faire; et la royauté, toute vaincue qu'elle soit, ne cesse pas pour cela d'être bonne à quelque chose. Elle peut encore au besoin, dans certains cas embarrassans, couvrir le ministère....

Voilà des choses que je suis fâché d'avoir à dire et que je dois dire pourtant, puisqu'elles appartiennent à mon sujet. Je n'exagère rien, soyez-en sûr; et croyez bien aussi que mon intention n'est pas de chercher à déprécier les hommes qui ont influé si puissamment sur les destinées de notre pays. Ce n'est pas un plaisir pour moi de leur chercher des torts, un besoin de les trouver en défaut. Loin de là, car un de mes regrets les plus sincères a toujours été que la haute intelligence de ces hommes ne soit pas demeurée libre et ne se soit pas conservée pure et entière au service du pays dans les chambres et dans le gouvernement; mais c'est un devoir et un droit pour chacun d'attaquer les fausses théories dont ils ont posé le principe et dont on abuse à leur suite et en leur nom. La vérité est, dans le cas particulier dont nous nous occupons, que la royauté n'a jamais été plus découverte que depuis l'époque où on a fait éclater si vivement la prétention de la couvrir. Et c'est un résultat qu'il était facile de prévoir. On conçoit, en effet, très bien qu'un ministère entré au pouvoir avec un programme d'*opposition personnelle*, et qui met au premier rang de ses titres à la confiance du pays la défiance même qu'il est venu à bout d'exciter contre la royauté, ne puisse conserver son influence et son autorité sur l'opinion que par la continuation du même système. Il ne dépendrait même pas de lui, quand il le voudrait, de se soustraire entièrement à cette nécessité. C'est la loi de sa situation.

Tel a été aussi, dans l'application, le dernier mot des doctrines de M. Duvergier de Hauranne. On peut dire, en effet, que les différentes phases de la coalition n'ont été que la mise en œuvre ou la traduction vivante de son écrit. C'en est assez, je crois, pour le faire bien comprendre ; et, quant à moi, je n'ai pas besoin d'autre commentaire.

Est-il besoin de répéter maintenant que, tout en admettant dans toute son étendue l'exercice du droit de résistance et d'action qui appartient, d'après la Charte, à la chambre des députés, mes doctrines ne peuvent être cependant confondues d'aucune manière avec celles de M. Duvergier de Hauranne? Il serait bien extraordinaire, en effet, que si je professais les mêmes idées que lui, j'eusse été si hostile à cette coalition sortie tout armée des flancs de sa brochure.

Oui, le député peut, le député doit résister, quand il le croit, nécessaire ou utile, à l'action du pouvoir royal dans la personne des ministres qui représentent ce pouvoir. Il peut, même avant l'action, refuser sa confiance à des ministres dont l'avénement lui semblerait funeste ou menaçant pour le pays, si sa conscience bien interrogée lui dit de le faire ; et ici je n'admets point que son droit puisse être limité : mais il ne doit jamais oublier, tout en résistant, que le pays seul est le principe générateur et dominant de toute souveraineté ; que les deux autres pouvoirs de l'état ne sont pas moins respectables et libres dans leur action que celui dont ils font partie ; qu'il ne lui appartient pas de les mettre systématiquement en état de prévention ; qu'il ne peut porter la plus légère atteinte à leur dignité, au principe de leur autorité, sans violer la constitution, sans manquer à tous ses devoirs et à toutes les convenances qui lui sont prescrites à la fois comme homme et comme député.

Tout *système* de conduite contraire à ces principes, à quelque degré que ce soit, est déjà plus ou moins révolutionnaire ; et je dis que ceux qui n'en conviennent pas, tout en se déclarant fidèles à la constitution, manquent de logique ou de bonne foi. Qu'ils choisissent... Ils ne peuvent, je le sais bien, manquer que de logique ; et je ne prétends constater que cela : mais c'est ce que ne voudront même pas m'accorder ceux de mes honorables collègues qui se trouvent encore engagés dans les rangs du parti parlementaire. Ils aimeront mieux probablement se récrier contre l'épithète de *révolutionnaire* et la traiter au moins d'exorbitante. Ils diront que je me sers ici d'un mot trop gros pour eux, que je dérange étrangement leur vocabulaire, attendu qu'ils ont besoin de recourir eux-mêmes à l'emploi de ce mot pour qualifier certains partis franchement déclarés contre nos institutions ; que cela pourrait produire une fâcheuse confusion dans les termes, etc. Je sais très bien qu'il y a des nuances et des degrés dans toutes choses, mais je crois mon opinion juste, et je la maintiens.

Je me crois d'autant plus fondé à ne faire aucune concession sur ce point, qu'en prenant le gouvernement parlementaire au sérieux, et ceux qui le soutiennent au mot, c'est-à-dire en l'admettant tel qu'il est formulé et compris, tel qu'on a paru l'entendre et vouloir le pratiquer, ce serait le plus faux, le plus stérile et le plus révolutionnaire de tous les gouvernemens, puisqu'en fait, au lieu de reposer sur trois pouvoirs, il reposerait comme la Convention sur un seul où s'agiteraient sans résistance extérieure possible et sans contre-poids les plus ardentes rivalités. Ce serait ainsi, quoique sous la forme monarchique, un gouvernement qui nous présenterait moins de garanties qu'un gouvernement républicain pondéré, tel que celui des États-Unis, par exemple, où le principe des trois pouvoirs est admis et respecté ; mais nous verrons qu'à tout prendre, et en y regardant de près, le gouvernement parlementaire a toujours été plutôt un mot qu'une chose ; et ce qui le prouve bien, c'est que par une étrange contradiction, ceux-là même qui en sont les inventeurs ou qui en paraissent les plus chauds défenseurs, ont souvent oublié, non pas d'en parler, car ils n'y manquent jamais, mais de le pratiquer, — comme s'ils n'y tenaient pas du tout, — quand ils auraient cependant pu le faire assez convenablement.

Les théories de cette espèce de gouvernement ne sont plus guères aujourd'hui, je le sais bien, qu'un souvenir, une vaine tradition dans la chambre, un écho vague et déjà lointain des luttes qui s'y sont produites avec un si grand éclat d'éloquence ; et je ne pense pas qu'elles aient la chance d'y rencontrer désormais une majorité ; mais elles n'en font pas moins de grands progrès dans l'opinion sous l'influence des journaux parlementaires, au profit des partis anarchiques ; et j'en demande bien pardon à ceux qui ne le voient pas.

De l'antagonisme systématique et du régime disciplinaire en vigueur au sein la chambre des députés.

Voyons maintenant ce que va devenir le gouvernement parlementaire avec la chambre des députés qui en constitue le seul et véritable élément.

Il semblerait au moins que la chambre des députés dût être un pouvoir effectif, en ce sens qu'il serait permis à chacun de ses membres d'avoir une opinion libre et de la produire avec sincérité sur chacune des questions soumises à leur examen. Il n'en est rien cependant. C'est tout au plus ce qu'on pourrait passer à un nouveau-venu dans la chambre, à une *notabilité de clocher* fraîchement émoulue ; mais le gouvernement parlementaire y met bon ordre... et vous allez voir.

Ici, j'aborde un point très important des doctrines de M. Duvergier de Hauranne, et je dois le faire avec soin. Cette partie du système ne lui appartient pas en propre, à la vérité. Elle est, en effet, d'une date plus ancienne que son écrit ; mais il devait s'y rattacher d'autant plus que, privée d'un tel appui, la théorie du gouvernement parlementaire, toute serrée qu'elle soit, n'aurait été véritablement qu'une lettre morte et n'aurait produit dans la pratique aucun résultat susceptible d'intéresser l'opinion.

Je veux parler de certaines doctrines importées d'Angleterre et dont nous nous sommes engoués d'autant plus facilement que nous aimons les idées toutes faites, et que les mots ont toujours exercé sur nous beaucoup d'empire... Et comment résister, d'ailleurs, à la sentencieuse gravité de cette considération que *les Anglais sont nos aînés dans le gouvernement représentatif, et que tout ce que nous avons de mieux à faire est de les imiter?*

Or, en Angleterre, il est de principe ou plutôt de fait que le parlement se divise en deux grands partis bien distincts et fortement tranchés. Donc il doit en être de même en France; et, partant de ce principe, on se met en quête d'une majorité systématique et d'une opposition de même nature avec la résolution bien arrêtée d'en trouver quand même il n'y en aurait pas. L'opinion commune est qu'on ne saurait même gouverner sans cela.

Donnez-nous, disent les parlementaires au pouvoir, une majorité politique, une majorité de gouvernement, *bien disciplinée.* Nous pourrons du moins, à l'aide de cette majorité, rejeter vigoureusement dans l'opposition tous ceux qui ne seront pas nos amis politiques; et nous les y tiendrons à notre profit commun, pour la plus grande gloire des principes, aussi long-temps que faire se pourra. Quant aux parlementaires qui ne sont pas au pouvoir, il est bien entendu que ce qu'ils ont de mieux à faire est de se *discipliner* de leur côté, dans un sens contraire et par conséquent systématiquement hostile au parti qui est en possession du gouvernement.

Tout cela se fait, notez bien, sous prétexte de *sincérité du gouvernement représentatif;* et c'est là précisément ce qui, dans le système dont nous nous occupons, constitue le beau idéal ou l'état normal de cette espèce de gouvernement.

Je me heurte à chaque instant contre des prétentions si contraires aux idées communes, que pour ne pas être suspect d'exagération, je dois m'imposer la scrupuleuse obligation de ne marcher que preuves en main ; et c'est ici surtout que j'en sens la nécessité.

M. Duvergier de Hauranne, après avoir établi les droits de la chambre et les avoir étendus, comme vous le savez, jusqu'à la suppression, pour ainsi dire, entière et absolue des deux autres pouvoirs de l'état, examine *les obligations que cette situation lui impose et ce qu'elle doit faire pour que ses droits ne périssent pas entre ses mains.* — Et comme *il croit avoir démontré qu'elle doit être une portion active et influente du gouvernement* (très influente en effet, pour ne pas dire omnipotente), il en conclut *qu'elle ne peut se passer des deux élémens essentiels de tout gouvernement, l'unité et la fixité, c'est-à-dire d'une majorité organisée et jusqu'à un certain point systématique.*

Arrêtons-nous d'abord ici, car il y a déjà bien des choses dans ces premiers mots, des choses que nous ne pouvons pas laisser passer sans signalement.

Qu'est-ce qu'*une majorité organisée, systématique jusqu'à un certain point ?* C'est tout simplement la majorité *disciplinée* dont je parlais tout-à-l'heure. Cette expression, il est vrai, ne se rencontre pas ici, mais elle est rétablie dans un autre passage où M. Duvergier de Hauranne se plaint de *certaines indépendances indécises, trop fières ou trop capricieuses pour se laisser classer et discipliner ;* et, s'il pouvait rester quelques doutes à cet égard, ils seraient, je crois, complètement dissipés par l'explication que l'honorable M. Guizot a pris soin de donner, quand il est venu lui-même aussi se plaindre à la tribune (14 mars 1838) *de l'absence d'une majorité organisée au sein de laquelle tout le monde soit contraint de se classer et de se discipliner.* — Vous l'entendez : *contraint !..* C'est bien là du *compelle intrare.* Je ne l'invente pas. — *Tout le monde !..*

Et si cependant *tout le monde* ne se livre pas, si le sentiment du devoir envers le pays vient à l'emporter en vous sur des considérations de parti, voici la position qu'on prend à votre égard. Etes-vous un député peu connu, peu influent sur la chambre, on veut bien se contenter de vous prendre en pitié. Etes-vous au contraire un député influent, oh! alors, il n'y a pas d'épithète assez dure pour vous qualifier. Vous êtes un *transfuge*, un *rénégat*, etc. Ce qui peut vous arriver de moins malheureux dans tous les cas possibles est qu'on dise de vous : *c'est un homme sur lequel on ne peut pas compter.*

M. Duvergier de Hauranne essaie vainement d'atténuer la portée du mot *systématique* en paraissant n'exiger cette condition que *jusqu'à un certain point*, car il ne consent à vous laisser votre liberté que sur *des questions neutres en quelque sorte, à l'égard desquelles les dissidences peuvent se produire et se manifester sans inconvénient.* Ce n'est donc évidemment qu'une restriction de pure forme, une atténuation plus apparente que réelle d'un mot en lui-même suspect, d'un mot qui *fait peur,* ainsi que le reconnaît M. Duvergier de Hauranne, et qui ne pouvait passer tout seul.

Quant aux questions qui *impliquent, soit la conservation du système politique, soit l'existence du ministère, elles exigent évidemment* (c'est toujours M. Duvergier de Hauranne qui parle), *elles exigent évidemment que l'on sache subordonner l'accessoire au principal ;* et c'est à l'égard de ces questions seulement qu'il s'élève contre ceux qui entendraient se donner *la satisfaction individuelle de voter chaque jour et à chaque minute, suivant leur fantaisie et leur goût.*

Qu'est-ce à dire? Est-ce que des questions de système politique ou d'existences ministérielles peuvent être soulevées chaque jour et à chaque minute? Est-ce ainsi qu'on l'entendrait? Ce serait un grand mal ; et, si on ne l'entend pas ainsi, pourquoi le dire?

Et en supposant que cela soit, peut-on, sans sortir des convenances et de la vérité, comparer à une *fantaisie* qu'on se passerait, la manifestation d'un dissentiment sur une question de système politique ou d'existence ministérielle? et n'est-ce pas se laisser aller d'une manière un peu trop évidente au besoin de frapper bien gratuitement de ridicule une résolution grave de sa nature, et qui, loin de ressembler à une fantaisie, dans le cas dont il s'agit, suppose toujours au contraire un sacrifice de ses sympathies politiques, et, par conséquent, une victoire sur soi-même, une lutte sérieuse entre sa conscience et ses habitudes?

Achevons d'analyser la situation qui nous est faite ici. De deux choses l'une : ou le député sacrifie son opinion propre à des convenances de parti, et alors il est dans le vrai, suivant M. Duvergier de Hauranne, ou tout au moins dans l'état normal du gouvernement représentatif; ou il se décide en sens inverse, il cède au besoin de voter purement et simplement suivant sa conscience; et alors il est dans le faux, dans le vide, *il cède à de vaines frayeurs, à des préjugés puérils;* et M. Duvergier de Hauranne appelle cela *se passer une fantaisie.*

Voici, au surplus, les considérations qu'il présente à la décharge de cette théorie. C'est à tort, suivant lui, qu'on *affecte* de dire que ses doctrines ont pour effet d'engager le député dans *une abdication permanente de son indépendance et de son libre arbitre.* Il trouve à ce sujet que *l'indépendance consiste à régler sa conduite d'après les conseils de sa raison et dans des vues honorables et désintéressées.* Rien de plus sage, et je suis heureux de me trouver d'accord avec lui sur ce point; mais il ajoute (et ici l'accord fait place à un dissentiment complet) : *Le député à qui sa raison dit que, dans l'intérêt général et pour le bien de sa cause, il doit voter systématiquement, n'est donc ni plus ni moins indépendant que celui à qui elle dit le contraire et use de son libre arbitre précisément au même degré.* Je dis, moi, que le plus mauvais usage qu'on puisse faire de son libre arbitre et de sa raison, c'est de les aliéner à telles conditions que ce soit.

Je veux bien qu'en politique on soit tenu de se déclarer attaché à un ordre de choses quelconque, à un gouvernement, à une constitution, à des principes fondamentaux ; mais s'engager systématiquement, dans un temps comme le nôtre, à la suite d'un homme ou d'un parti, cela ressemble à une *prise de voile*, à une résignation de cloître. C'est du monachisme tout pur au nom de la liberté... mais c'est un vrai parloir que votre parlement. Il n'y manque rien, pas même *la discipline ;* et si les abbés de la communauté, si les religieux mêmes à la suite s'en trouvent bien, je ne crois pas que le pays puisse en dire autant. Quant à moi, je l'avoue, je n'en suis pas encore à prononcer mes vœux.

Mais ce qu'il y a de plus singulier, ce qui fait bien voir à quel point un homme de logique et d'esprit peut s'égarer, même avec les meilleures intentions, sous l'influence d'un principe faux, c'est que M. Duvergier de Hauranne en soit venu à prétendre qu'un député systématiquement engagé dans un parti, par un acte préalable de sa volonté, est libre au même degré que celui-là même qui s'est réservé sa liberté d'action pleine et entière. C'est à peu près comme si l'on disait qu'un homme qui s'est mis volontairement en état d'esclavage aurait néanmoins conservé toute sa liberté, par la raison qu'il lui aurait plu une bonne fois de l'aliéner.

M. Duvergier de Hauranne entreprend de pallier par une autre considération les conséquences de son système. Il ne s'agirait, suivant lui, d'autre chose que de savoir, au besoin, *sacrifier l'accessoire au principal.* Observons, avant tout, qu'il est commode de pouvoir ainsi nous présenter, sous l'épithète *d'accessoire,* afin d'en atténuer l'importance, un cas de résolution qui, dans les éventualités prévues par M. Duvergier de Hauranne lui-même, ne pourrait absolument se rattacher qu'à des *questions de système politique et d'existences ministérielles,* ou, en d'autres termes, à de véritables questions de cabinet.

Sans doute, il peut arriver que, par suite de certaines complications nées de cet esprit *d'unité et de fixité* qui, dans le gouvernement parlementaire, est recommandé, *per fas et nefas,* aux partis *disciplinés,* des questions très embarrassantes surgissent, et que la nécessité de les résoudre par oui ou par non ne soit guères moins fâcheuse d'un côté que de l'autre, de telle sorte qu'ayant à choisir entre deux mauvaises choses, on en soit réduit à se demander quelle est la moins mauvaise, afin d'en risquer les conséquences et de s'y résigner par son vote au dernier moment. Le sacrifice de l'accessoire en de telles occasions peut même aller, suivant M. Duvergier de Hauranne, jusqu'à dire hautement, à l'exemple de M. Hume, radical anglais, que *le blanc est noir*; et quand on en est venu à ce degré de perfection, c'est alors seulement qu'on aurait fait preuve, suivant lui, *d'une intelligence profonde du gouvernement représentatif et de ses conditions.*

C'est sous l'empire de pareilles idées que M. Duvergier de Hauranne ne craint pas d'offrir encore à notre édification l'exemple de la chambre des communes d'Angleterre, *donnant depuis trois ans le spectacle instructif d'une majorité factice sous beaucoup de rapports, mais qu'un intérêt commun tient unie et qui résiste aux plus graves dissentimens intérieurs.* Il en prévoit la dissolution, mais il espère bien qu'*une autre majorité* (factice encore probablement) *ne tardera pas à naître et à s'organiser.* C'est ainsi, vous le voyez, qu'en insistant sur de tels exemples et en raisonnant par analogie, les doctrinaires de l'école anglaise entendent bien nous condamner, comme je vous l'écrivais en mai 1838 (1), « à rouler perpétuellement dans le cercle vicieux des majorités factices imposées systématiquement à la nation par l'esprit de parti. »

Les faits que je viens de citer, d'après M. Duvergier de Hauranne, offrent sans doute un grand sujet *d'instruction*; mais celle que j'en tirerai sera tout-à-fait différente de la sienne. Et, en effet, comment ne serait-on pas porté d'abord à se demander si un système peut être réputé bon, quand on est forcé d'avouer qu'il repose essentiellement sur des majorités factices et sur un ensemble de combinaisons qui peu-

(1) *Situation parlementaire actuelle.*

vent amener quelquefois les représentans d'un pays civilisé à déclarer que le blanc est noir ou que le noir est blanc. Cette considération mérite bien, je crois, qu'on s'y arrête et qu'on y pense.

Admettons, je le veux bien, que M. Hume ait montré, dans le cas cité par M. Duvergier de Hauranne, une intelligence profonde de la situation dans laquelle il se trouvait placé. Je conçois qu'en présence de faits de cette nature, un des premiers besoins de l'esprit soit de s'en rendre compte et de les expliquer, de remonter aux causes qui ont pu les produire en leur imprimant le caractère d'une sorte de nécessité; mais ce que je ne conçois pas, c'est qu'au lieu de signaler ces faits comme fâcheux, même 'en Angleterre, on paraisse au contraire entraîné par le besoin de les glorifier, de les ériger en principe et de leur donner même une sorte de consécration dans la pratique habituelle de notre gouvernement.

Je me crois donc obligé d'en rechercher les causes à mon tour, au point de vue qui me préoccupe, et d'en déterminer la véritable signification.

Le gouvernement anglais diffère essentiellement du nôtre. Il en diffère surtout par les circonstances de son origine et par les conditions de l'état social dont il est l'expression.

Le gouvernement anglais, tel qu'il existe aujourd'hui, s'est insensiblement constitué sous l'empire des traditions et d'une suite de faits successivement acceptés par la nation, tandis qu'en France, au contraire, le gouvernement représentatif a été inauguré pour ainsi dire *ab ovo* sur la ruine des anciennes institutions, d'une manière en quelque sorte théorique. Il suit de là que les mœurs en Angleterre ont devancé les lois, ce qui ne peut pas être dit de la France où nous voyons que les lois ne sont pas encore entrées bien profondément dans les mœurs et dans les habitudes de la nation.

Ceci explique très bien pourquoi les lois sont plus respectées en Angleterre qu'en France, bien qu'elles y soient cependant beaucoup moins parfaites et plus entachées de priviléges et d'inégalités sociales. On y respecte jusqu'au droit d'aînesse dans la transmission de la propriété territoriale et beaucoup d'autres violations du principe de l'égalité civile, violations qui ne seraient pas supportées en France où la pairie elle-même a dû renoncer au principe de son hérédité.

Au point de vue le plus général, on dirait ainsi que nous aspirons surtout à la perfection théorique de nos institutions, tandis que les Anglais tiendraient davantage au développement pratique des leurs, en ce sens que, chez eux, la théorie semblerait gouvernée, maîtrisée par la puissance du fait, tandis que chez nous le fait est véritablement dominé par la théorie.

Je crois pouvoir ajouter que si le gouvernement de notre nation est conduit à s'appuyer principalement sur l'autorité même des *principes* qu'il a proclamés, celui de la nation anglaise est plus particulièrement subordonné de sa nature à la raison suprême des *intérêts*, je dirai même à la loi fatale de certaines nécessités de situation qui n'existent point chez nous.

Que voyons-nous en Angleterre? une véritable aristocratie constituée par la naissance, une aristocratie maîtresse entière du sol, établie sur des priviléges de tout genre et sur des intérêts traditionnels et permanens qui ne sont pas ceux du reste de la nation. Nous voyons ainsi tout d'abord, au fond de cet état social et dans les élémens qui le constituent, deux principaux élémens d'opposition systématique en présence; et telle est véritablement la cause première de cet état d'antagonisme en quelque sorte inévitable et obligé dont nous retrouvons la manifestation dans l'ordre des choses politiques.

Il y a aussi dans la situation de l'Irlande, particulièrement vis-à-vis de l'Angleterre, au point de vue des grands intérêts politiques et religieux surtout, d'autres causes d'antagonisme et d'autres sujets de complications dont la persistance et l'intensité ne sauraient être méconnues.

Doit-on s'étonner qu'un pareil état de choses amène forcément les hommes qui le représentent à reconnaître et à déclarer qu'ils ne peuvent pas toujours être entièrement d'accord avec eux-mêmes? et cette nécessité qui n'est qu'un fâcheux résultat des infirmités sociales de l'Angleterre peut-elle
être présentée, recommandée comme un exemple à suivre en
France? — En France où les institutions ne sont dominées
véritablement par aucune espèce d'intérêts contraires à ceux
de la justice et de la vérité.

Ce ne sont certainement pas les amis, les défenseurs de
notre constitution qui, sur ce dernier point, pourront se trouver en désaccord avec moi. Je leur demande alors à quelle
fin, dans quel but il pourrait être nécessaire ou sembler bon
d'accepter *systématiquement* une position dans laquelle on est
exposé à s'écarter de ce qui paraît juste ou de ce qu'on croit
vrai, sur les questions les plus importantes.

Pour moi, je ne crains pas d'affirmer qu'en fait et en raison cela est inadmissible, et qu'un tel système ne peut légitimement, sous aucun prétexte, à aucun titre et dans aucun
but utile ou moral, être préconisé, glorifié, réputé conciliable avec les conditions de l'état normal de notre gouvernement représentatif. « Laissons, dit avec raison M. Hello (1),
laissons ce préjugé à quelques membres du parlement britan-
nique et ne nous piquons que de l'imitation qui perfec-
tionne. »

Ajoutons que ce système est tellement contraire à la nature des choses et à l'esprit de nos institutions que, malgré
la faveur dont il a joui jusqu'à présent dans la chambre, il a
entièrement échoué dans l'application et que l'expérience de
nos dernières années surtout en a complètement mis à nu
les inconvéniens, les périls, et démontré la stérilité.

Il est, d'un autre côté, si peu compatible avec les instincts
de la nation qu'on se garde bien de le produire au grand jour,

____

(1) *Essais sur le régime constitutionnel*, 1827.

avec le seul nom qui pourrait lui convenir; et, en effet, tandis qu'il aboutit dans la chambre au *mensonge* des majorités factices, il est inauguré dans l'opinion sous les auspices de la *vérité* et de la *sincérité*, ce qui prouve au moins que le pays veut ces deux choses, et qu'on abuse de sa confiance en ne lui en donnant que le mot.

C'est en vain qu'on essaierait d'échapper à cette accusation : les faits parlent trop haut pour qu'on y réussisse; et ce que j'avance ici n'est que trop justifié par la situation des partis qui veulent ou qui croient vouloir la Charte de 1830.

A défaut de wighs et de torys comme en Angleterre, c'est-à-dire à défaut d'élémens propres à la création de deux grands partis permanens, une foule de mots relatifs à la désignation des partis se sont produits depuis 1830. Ainsi, nous avons d'abord entendu parler d'un parti de la *résistance* et d'un parti du *mouvement*, de *centre droit*, de *centre gauche*, de *gauche dynastique*, de *doctrinaires* et de *tiers parti*, de *centre pur* ou de *ministériels quand même*. Il y a bien encore aujourd'hui quelque chose de tout cela; mais il a été plus particulièrement question dans ces derniers temps d'un parti *conservateur* qui se déclare constitutionnel, et même parlementaire, et d'un parti *parlementaire* qui se croit bien aussi quelque peu constitutionnel et conservateur. On nous a parlé aussi de *gauche puritaine* et de *gauche ralliée* (probablement au centre gauche), et enfin d'*ultra conservateurs et de camarillistes*, ou, en d'autres termes, d'un *parti de la cour* opposé au *parti de la nation*.

C'est sur le terrain des souvenirs et des idées représentées par ces mots que les chambres discutent depuis dix ans, que les journaux dissertent, et que le pays écoute. Il y a trois hommes ou chefs de parti dans la chambre des députés qui ont été et qui sont encore actuellement l'expression plus ou moins exacte de la différence ou de l'opposition qui peut exister entre ces idées. Or, un premier fait très grave à remarquer, c'est qu'après avoir vu MM. Thiers et Guizot long-temps réunis contre M. Barrot, puis d'accord un moment avec lui, nous voyons aujourd'hui MM. Thiers et Barrot réunis contre M. Guizot. D'autres faits non moins dignes d'attention se sont produits dans les luttes engagées pour le partage de l'empire entre ces trois grandes autorités rivales. Ainsi, nous avons vu MM. Dufaure et Passy se séparer de M. Thiers et se rapprocher de M. Guizot; MM. de Rémusat, Duvergier de Hauranne, Jaubert et Piscatory se détacher de M. Guizot, pour s'unir à M. Thiers et même à M. Barrot, etc. Que devenir au milieu de cette confusion, dans ce pêle-mêle de personnes et d'idées? Quelle serait aujourd'hui la position du député qui, partant des principes de l'école anglaise, aurait consenti à se laisser *discipliner* dans le cercle vicieux de toutes ces évolutions?

Mais plaçons-nous un moment sur le terrain des grandes questions du cabinet qui ont été soulevées dans la chambre; et d'abord emparons-nous de celle qui a renversé le ministère du 11 octobre. Elle se présente ici d'autant plus convenablement que M. Duvergier de Hauranne essaie de s'en prévaloir à l'appui de son système.

Il s'agissait alors de se prononcer pour ou contre la prise en considération d'une proposition relative au remboursement ou à la conversion des rentes 5 pour 100. La majorité de la chambre était d'avis, soit à tort, soit à raison, que cette proposition devait être prise en considération. Le ministère était d'un avis contraire; et, comme il avait dans la chambre une majorité politique, il lui plut de vouloir subordonner la question spéciale de la conversion des rentes à la considération plus haute de son existence et à des raisons de *discipline*. Il en fit donc une question de cabinet. Les députés partisans de la conversion ne crurent pas devoir, en cette circonstance, abandonner leurs convictions personnelles, et le cabinet fut renversé.

M. Duvergier de Hauranne pense que le renversement de

ce ministère a été fâcheux pour le pays. Je le crois comme lui ; mais à qui la faute ? Est-ce à la chambre, comme le prétend M. Duvergier de Hauranne ou au ministère lui-même ? Il est évident pour moi que la faute en est au ministère, en ce sens qu'il a voulu très mal à propos violenter la chambre sur une question qui, dans tous les cas, ne pouvait l'obliger à se retirer que si la mesure de la conversion des rentes étant devenue, par suite de l'initiative d'un député, l'objet d'une proposition de loi, cette proposition eût été adoptée contrairement à l'avis du cabinet, non-seulement par la chambre des députés, mais aussi par la chambre des pairs.

Et, à cet égard, je suis heureux de pouvoir invoquer l'autorité de l'honorable M. Thiers qui, dans une position tout-à-fait analogue, dans celle des sucres, ayant à lutter devant la chambre des députés contre un système opposé au sien, annonça formellement qu'avant de se rendre il poursuivrait le triomphe de son système par tous les degrés de la juridiction constitutionnelle.

« Je ne viens pas, disait-il (9 mai 1840), menacer un pouvoir d'un autre pouvoir ; mais le gouvernement, devrait-il être battu, poursuivra ce qu'il regarde comme l'intérêt de l'avenir devant le demi-intérêt du présent.—Il y aurait un moyen pour que le gouvernement fût battu, ce serait que les autres pouvoirs fussent d'accord ; mais tant que ces pouvoirs ne seront pas d'accord, nous résisterons. »

Et M. Thiers avait ici parfaitement raison. Il a rétabli dans cette occasion les vrais principes du gouvernement constitutionnel méconnus par le 11 octobre et sacrifiés à des exigences et à des susceptibilités mal entendues qu'il ne partageait probablement pas lui-même comme membre de ce ministère. On sait, en effet, qu'il n'a pas pris la cause de sa chute assez au sérieux pour ne pas consentir à composer lui-même un autre ministère et qu'il réussit même à faire ajourner la proposition.

Nous voyons que M. Duvergier de Hauranne, ici comme ailleurs, est trop exclusivement préoccupé de l'influence po-

litique de la chambre des députés sur les questions *d'existences ministérielles* et qu'il ne l'est pas assez de la liberté
et de la dignité personnelle de ses membres.

On se souvient que la dislocation du ministère du 6 septembre a été amenée par le rejet de la loi de disjonction et par
celui dont se trouvaient menacées les lois d'apanage, de non-
révélation et de déportation. M. Duvergier de Hauranne ose-
rait-il affirmer que, sur des questions si graves, un député
aurait dû sacrifier ses convictions personnelles au désir qu'il
aurait eu de soutenir le ministère; et se croirait-il fondé à
traiter de *fantaisie*, de *vaine frayeur* et de *préjugé puéril* la
disposition d'esprit qui a pu porter les amis même de ce ministère à secouer le joug de la discipline?

Aucune question de cabinet ne se produisit, je crois, dans
le sein de la chambre des députés, sous le ministère du 22
février, si ce n'est celle des fonds secrets qui revient sous
tous les ministères avec son caractère propre et dont je me
réserve de dire un mot tout-à-l'heure, en attendant que j'aie
lieu de l'examiner spécialement.

Le ministère du 15 avril a eu à lutter contre de nom-
breuses questions de cabinet. Je ne parlerai pas de celle qui
a été soulevée sur l'Espagne. Elle a été trop vague dans ses
termes et trop indéterminée sous le rapport des effets immé-
diats et réels auquel sa solution pouvait donner lieu dans
un sens ou dans un autre pour que j'y attache une attention
sérieuse.

Quoi qu'il en soit, les adversaires de ce ministère ayant
échoué sur la question d'Espagne, ainsi que sur celle des fonds
secrets, songèrent d'abord à ranimer contre lui la fameuse
question des rentes. La légalité et l'utilité de l'opération
n'étaient pas contestées par le ministère. Il ne résistait que
sur l'opportunité; mais il eut du moins le bon esprit de ne
pas vouloir en faire une question de cabinet, car, ainsi que je
l'ai dit tout-à-l'heure, elle ne pouvait avoir définitivement ce
caractère que si la loi ayant été adoptée par les deux chambres,

le ministère eût pensé devoir décliner la responsabilité de son exécution.

Le ministère du 15 avril avait donc adopté dans cette circonstance une position conforme aux vrais principes, une position dans laquelle le droit de la chambre des pairs était réservé et celui de la chambre des députés respecté, car je ne sache pas qu'il ait dans cette occasion manifesté la prétention de *discipliner* ceux qui soutenaient sa politique ; et, en cela, je crois fermement [qu'il s'est montré plus constitutionnel que le ministère du 11 octobre.

Il n'en a pas été de même à beaucoup près de la part de ses adversaires à la chambre. On sait, en effet, qu'il n'a pas dépendu d'eux que la mesure de la conversion des rentes ne perdît entièrement son caractère spécial et qu'elle ne fût, pour ainsi dire, entièrement subordonnée à la considération du parti qu'on pouvait en tirer pour le renversement du ministère. C'est une vérité que l'honorable M. Garnier-Pagès a mis dans tout son jour, un fait que j'ai déjà eu lieu de signaler à votre attention (1).

C'est ainsi, vous le voyez, que, grâce au perfectionnement de la tactique parlementaire, on sait au besoin *sacrifier le principal à l'accessoire* ; car il est bien évident que dans un cas de la nature de celui dont nous nous occupons ici, le principal est la question elle-même.

Ajoutons que l'injonction faite au ministère (art. 8 de la résolution de la chambre des députés) d'avoir à rendre compte de l'exécution de la mesure dans les deux premiers mois de la session suivante était une violation implicite de la Charte, en ce sens qu'elle semblait enchaîner l'action des deux autres pouvoirs et préjuger, commander leur décision.

Chose singulière ! on aurait voulu que les amis du 11 octo-

____

(1) *De l'esprit de parti considéré dans ses rapports avec le mouvement de la dernière législature.* Février 1839.

bre eussent fait à ce ministère le sacrifice de leurs convictions personnelles sur la mesure de la conversion des rentes; et quand il s'agit du ministère du 15 avril, on veut faire céder forcément l'action constitutionnelle des deux autres pouvoirs à un vote de la chambre des députés qu'on s'efforce de rendre systématique!

La plupart de ces observations sont également applicables à la conduite tenue par l'opposition dans la discussion des projets de lois concernant les chemins de fer et l'augmentation de l'effectif des armes spéciales. On pouvait, on devait bien évidemment, dans l'examen de chacun de ces deux projets, s'attacher de la manière la plus scrupuleuse à mettre entièrement de côté toutes préoccupations de personnes et de parti; mais le gouvernement parlementaire en ordonne autrement.

Et, en effet, nous voyons que l'une des tendances les plus habituelles et les plus prononcées du parti parlementaire est de traiter à son point de vue d'opposition systématique et toute personnelle une foule de questions qui, pour être bien résolues, ne devraient être traitées, cependant, qu'en elles-mêmes et pour elles-mêmes.

Il ne s'agit pas ici pour moi, remarquez-le bien, d'examiner si la solution donnée à ces questions a été bonne ou mauvaise. Je veux dire seulement que le principe en vertu duquel on voudrait subordonner des solutions de ce genre à un parti pris d'avance, au profit d'un ministère quelconque ou dans des vues d'opposition, est faux, dangereux, contraire à l'intérêt du pays et tout-à-fait contraire à l'état normal du gouvernement représentatif.

On peut en dire autant de toutes les questions véritablement politiques ou susceptibles d'affecter l'existence des ministères; et, pour vous en convaincre, il me suffira d'achever ici l'énumération de celles dont la chambre a été occupée dans les temps les plus rapprochés de nous :

La question des attributions respectives des pouvoirs de

l'état, des prérogatives de la couronne et des conditions parlementaires de son inviolabilité;

Le projet de loi de dotation présenté par le ministère du 12 mai;

Les questions de réforme électorale et de réforme parlementaire;

Les questions de Belgique, d'Ancône et d'Orient;

Le projet de loi concernant les fortifications de Paris.

Je demande maintenant à tous les hommes de bonne foi si, dans des sujets de délibérations si graves, on pourrait, sans manquer à ses devoirs envers le pays, sacrifier son opinion propre à des convenances de personnes ou à des exigences de parti.

On peut, je le conçois, céder à de semblables préoccupations sur un vote général de confiance à exprimer dans un projet d'adresse et même sur une demande de fonds secrets, puisque tous les partis de la chambre, et même *la gauche*, ont implicitement, comme vous le verrez, passé condamnation sur les abus relatifs à l'emploi de ces fonds; mais il est évident qu'un député n'a pas la même latitude à l'égard des questions dans la solution desquelles les principes de notre droit constitutionnel et les intérêts du pays sont essentiellement et directement engagés; car alors il ne s'agit plus seulement d'un vote général et abstrait qui se résout par le maintien ou par le renouvellement du ministère; il s'agit d'une décision qui a ses conséquences propres, indépendantes des questions de personnes, et dont les effets sont persistans.

Nous voilà maintenant en position de réduire à sa juste valeur et à sa plus simple expression cette théorie si préconisée de la discipline parlementaire. On voit que, dans l'état actuel des usages de la chambre, il peut se présenter pour tout le monde, à chaque session législative, au moins deux occasions de se laisser aller en toute liberté à ses tendances politiques et même à l'entraînement de ses sympathies ou de ses antipathies personnelles. Il y a là, ce me semble, une satisfaction suffisante donnée à ceux dont l'opposition contre un ministère quelconque est fondée bien plutôt sur les mauvaises tendances qu'on lui suppose et sur la défiance qu'il inspire que sur ses actes ; et c'est ici le lieu de répondre à un des argumens présentés par M. Duvergier de Hauranne à l'appui du système qu'il préconise.

Il prévoit (tant il a peur qu'un ministère puisse lui échapper), il prévoit le cas où un ministère, instinctivement réprouvé par la majorité, s'attacherait *à ne présenter à la chambre que des lois insignifiantes, et dont le rejet ne peut compromettre en rien l'existence du système politique, qui est le sien, et que la majorité croit funeste.* Ajoutons, pour le développement de cette objection, qu'un ministère peut être dangereux, non seulement par son action dans l'ordre des choses politiques ou législatives, mais encore dans l'ordre de celles qui se rattachent à l'administration générale du pays.

Raisonnons maintenant dans cette hypothèse, et voyons ce qui peut arriver.

De deux choses l'une : ou le ministère acceptera les questions de cabinet qui peuvent être soulevées par la discussion de l'adresse et par la demande ordinaire du crédit concernant les dépenses secrètes ; et alors il met deux fois, dans une session, la chambre en position de le renverser :—ou il éludera ces questions ; et, dans ce cas, je ne pourrais trouver mauvais qu'on lui refusât toute espèce de concours et que la chambre usât contre lui, non seulement du droit de résistance qui lui appartient, mais même de tous les moyens d'opposition qui rentrent dans l'exercice de son initiative. Ainsi, pas de difficulté jusqu'à présent.

Je suppose maintenant que le ministère ait, non seulement, accepté les questions de cabinet qui sont chaque année pour la chambre une occasion de lui accorder ou de lui refuser la majorité ; mais qu'il soit sorti triomphant de ces épreuves, ce qui signifie que la chambre est d'accord avec lui, par sa majorité, sur la direction générale qu'il convient d'imprimer à la politique, tant à l'intérieur qu'à l'extérieur.

Cela posé, je conçois très bien que l'opposition ne se tienne pas pour battue, et qu'elle regarde même comme un devoir pour elle de combattre les projets du gouvernement sur tous les points où ces projets lui paraissent attaquables au point de vue de l'intérêt du pays; mais ce que je n'admets pas, c'est qu'elle se croie fondée à les attaquer ou à les rejeter systématiquement, même quand on les croit bons. Voilà pourtant ce qui se pratique, et c'est là où commence le mal.

On cherche à justifier cette conduite en disant que le gouvernement exige de son côté une sorte de soumission aveugle et systématique également, de la part de ceux qui sont habituellement disposés à le soutenir. Il faut bien reconnaître que cette excuse a quelque chose de plausible; et, en effet, je conçois très bien que le ministérialisme *quand même* appelle une opposition de même nature, et réciproquement; mais on ne s'en tient pas au fait : on va plus loin de part et d'autre, et, d'un commun accord, on finit par déclarer que les choses *doivent* se passer ainsi, puis on ne manque pas, bien entendu, de citer l'Angleterre; et tout est dit.

Tout n'est pas dit pour moi, car je soutiens que le principe de cet antagonisme est tout ce qu'on peut imaginer de plus absurde et de plus immoral, aussi bien de la part du gouvernement que de celle de l'opposition.

Quoi! la chambre peut, deux fois dans chaque session, se prononcer librement, régulièrement, par sa majorité, sur la question de savoir si un ministère peut présider à la direction générale de la politique extérieure et intérieure : il est permis alors à chaque député de voter suivant ses tendances les plus générales et les plus abstraites au double point de vue de ses principes et de ses amitiés politiques. Il peut, s'il appartient à l'opinion qui représente le gouvernement, rencontrer souvent l'occasion de venir en aide à la politique de ce dernier, sans trahir ses convictions, de même que s'il appartient à l'opposition, il a bien aussi le droit d'espérer que l'occasion se présentera plus d'une fois pour lui d'exprimer loyalement ses dissidences réelles ; et on ne se contente pas de cela ! Il faut s'engager dans cette lutte aux dépens même de ses convictions ! Cela n'est pas seulement permis, mais recommandé, mis en honneur, érigé en principe de fidélité à son parti. Le gouvernement de son côté, l'opposition de l'autre, un drapeau à la main sur lequel on lit : *vérité du gouvernement représentatif*, prêchent la discipline dans tous les rangs, sous forme d'obéissance passive ou de résistance active ; et dans cette litière affreuse des idées, dans ce massacre des opinions, comme on ne veut cependant pas trop effaroucher les faibles, on leur met tout doucement la *doctrine* en guise de petit couteau sous la gorge, en leur disant : « Ne criez pas, ce n'est que *jusqu'à un certain point*, c'est un léger sacrifice de *principal* en manière d'*accessoire* : il s'agit seulement d'avouer que *le blanc est noir*, attendu que cela se pratique en Angleterre ; et vous êtes d'ailleurs aussi *sincères*, aussi *libres* en déclarant le contraire de ce que vous pensez que si vous demeuriez fidèles à votre opinion ! »

J'avoue en toute humilité que ces procédés là n'ont jamais été de mon goût. Je ne pensais pas que les grandes révolutions de 89 et de 1830 avaient été faites pour cela.

Voilà bien l'état vrai des choses, et cependant ceux-là même qui ont posé le principe, et qui se montrent si jaloux d'en étendre les applications, n'aiment pas qu'on en parle trop haut. C'est un secret dont chacun a le mot, mais qu'on doit se dire à l'oreille. Il n'est permis de s'en expliquer publiquement que d'une certaine manière et dans un langage convenu qui est celui des esprits forts et des initiés.

Nous devons dire pourtant, d'après M. Duvergier de Hauranne lui-même, qu'on n'est pas tenu d'être toujours fidèle à son parti. On peut s'en séparer ; mais on ne doit le faire, suivant lui, que dans le cas où *on se trouverait condamné à de trop grands et de trop fréquens sacrifices.* Vous voyez ainsi que ces sacrifices peuvent être *grands* et même *fréquens*, que seulement ils ne doivent pas l'être *trop*, ce qui signifie qu'on peut faire à peu près tout ce qu'on veut, notamment dans un sens contraire à son avis particulier sur les questions les plus graves. Il suit de là qu'il appartiendrait surtout au député de pouvoir dire :

Je ne suis pas toujours de mon opinion (1).

Ce qui montre encore une fois de plus :

Qu'il est avec le ciel des accommodemens!

Vous savez qu'on nous faisait autrefois de la *dévotion aisée.* Je me tromperais beaucoup si ce qu'on nous prêche aujourd'hui n'était pas de la *politique commode...* au service de nos passions.

Les doctrinaires de la chambre ont paru, dans tous les temps, très prévenus des avantages et même des charmes de la discipline. On cite le mot de l'un d'entre eux qui, apprenant la chute d'un ministère auquel il était systématiquement attaché, se serait écrié : « Me voilà donc obligé maintenant d'étudier les questions!... » C'était avouer de bonne grace, et je crois même avec esprit, qu'il n'y avait pour lui rien de mieux à faire pour le moment ; mais les choses ne vont pas toujours ainsi, car, en bonne théorie de gouvernement parlementaire, abandonner son parti, ce n'est pas reprendre sa liberté, c'est se livrer à un autre ; et, dès lors, à quoi bon chercher à se former une opinion, puisque ce nouveau parti de votre choix se charge avec plaisir de vous en faire une sur toutes les questions qui ne sont pas *neutres?*

On peut reconnaître au surplus que la théorie du régime disciplinaire est plutôt, de la part de ceux qui la préconisent, un moyen d'action et de domination sur les esprits qu'un principe sérieux. Je vois, en effet, qu'on passe d'un camp à

(1) De Latouche.

l'autre assez facilement, suivant l'intérêt qu'on peut avoir au triomphe de certaines combinaisons qui sont présentées comme importantes et qui ne sont, au fond, que des questions de personnes. Il suit de là que les infractions dont cette théorie paraît quelquefois être l'objet n'aboutissent pas, d'une manière probable, à la production d'une majorité plus vraie. La vérité ne peut avoir, au sein d'un pareil chaos, que les chances du hasard ou d'un accident heureux. Il n'y a pas de place marquée pour elle dans un système de gouvernement qui exclut la sincérité. Ce serait un effet sans cause; et cela est tellement reconnu que le dernier mot des partisans de ce système est la glorification des majorités factices.

La discipline n'est pas moins recommandée et pratiquée dans le camp de l'opposition que dans celui du gouvernement; mais c'est surtout dans l'intérêt du gouvernement que la théorie en a été développée, comme si les hommes de l'opposition eussent craint de se compromettre dans l'opinion publique en paraissant approuver cette espèce de machiavélisme. Il est à remarquer que le parti doctrinaire en France est peut-être le seul qui l'ait hautement professée dans des livres et dans des discours de tribune. Il a eu du moins la franchise de son opinion : c'est une justice qu'on doit lui rendre; et je le dis sans ironie, tant je suis convaincu qu'il a toujours été de bonne foi sur ce point.

La chambre n'a pas oublié les vigoureuses sorties de l'honorable comte Jaubert contre l'indiscipline des députés fonctionnaires. Elle n'a pas oublié non plus les théories professées par l'honorable M. Mahul, qui, ayant eu à s'expliquer (séances des 13 et 15 novembre 1831) sur les devoirs et sur la position des fonctionnaires de l'ordre politique, les appelait *la chair de la chair et les os des os* du ministère. Il entendait par là que si les députés ont le droit absolu de voter comme il leur plaît, le ministère avait de son côté le droit absolu de *n'employer pour agens que les hommes dont les opinions et les actes sont conformes au système de sa politique.*

C'est ainsi, disait-il, *que les choses se passent en Angleterre*; et plusieurs voix lui répondaient en l'interrompant : *nous ne sommes pas en Angleterre*. Il y avait là un sentiment vrai de la différence qui existe entre les mœurs et le système politique des deux pays. C'est en vain qu'on voudrait le méconnaître. On a, depuis 1830, essayé plusieurs fois de traiter *à l'anglaise* certains députés fonctionnaires; et ces tentatives, il faut l'avouer, sont loin d'avoir été encourageantes pour le gouvernement.

L'honorable M. de Tracy, protestant contre ces théories, disait avec un grand sens : « Je ne sais ce que c'est que des amis exclusifs d'un ministère quelconque. Je ne sais ce que c'est que ce système emprunté à l'Angleterre qui divise la nation en deux camps, le ministère et l'opposition. » Je suis heureux de rencontrer cette citation qui fait voir au moins que mon opinion sur ce point n'est pas tout-à-fait isolée dans la chambre; et j'aurai lieu de montrer dans la suite de cet écrit que les doctrines de l'école anglaise y ont été désavouées dans plus d'une occasion par de très bons esprits.

Quoi qu'il en soit, c'est aux doctrinaires surtout que nous devons en attribuer la propagation. Aucun parti ne s'est montré plus jaloux d'en étendre les applications. C'est sous l'influence de ces théories que M. Mahul a dit que *les ministres sont ou doivent être les chefs ou les meneurs de la chambre des députés* (1). C'est également dans cet ordre d'idées que le parti doctrinaire a si souvent protesté, jusque dans ces derniers temps, contre l'iniscipline des députés fonctionnaires, qu'il a si vivement blâmé l'amnistie, qu'il a tant parlé de *l'abaissement du pouvoir*, aussitôt que le ministère du 15 avril a paru se relâcher d'une certaine rigueur à l'égard des partis, que M. Jaubert a fait un grief à M. Molé (séance du 9 janvier 1838) de ne pas s'être mêlé des élections de 1837; et

(1) *Tableau de la constitution politique de la monarchie française,* 1830.

d'avoir levé les mains au ciel, comme Moïse, pendant le combat, etc.—N'est-ce pas enfin toujours au même point de vue, quoique dans un intérêt d'opposition, qu'on est venu reprocher plus tard à M. Molé de s'être mêlé des élections de 1839? Il y a là quelque chose de peu conciliable, en apparence au moins; mais cela peut s'expliquer encore, et voici la clef de cette contradiction.

Tant que le ministère a pu être considéré comme une véritable représentation du pouvoir royal, et tant qu'il y a eu du côté de ce pouvoir une force véritable, on a exagéré, dans l'intérêt du gouvernement, le parti qu'on pouvait en tirer; mais depuis que, par une exagération d'une autre espèce, le principe de l'action gouvernementale a paru devoir être condensé dans la chambre des députés, la théorie des influences parlementaires a dû être modifiée dans ce sens ou plutôt complétée. C'est ce qui a été entrepris par M. Duvergier de Hauranne; et nous voyons ainsi que le parti doctrinaire a toujours été à la tête de cette théorie, soit au profit des ministères librement choisis par le roi, soit au profit des ministères en expectative ou d'opposition.

Tout est arrangé maintenant, vous le voyez, pour la plus grande commodité de tout le monde. Grace aux perfectionnemens de la tactique et de la discipline parlementaires, on peut espérer que la chambre des députés sera long-temps encore un assez beau sujet d'expérience et d'exploitation. La matière ne saurait de sitôt manquer à l'œuvre, à moins que la chambre et le pays n'ouvrent enfin les yeux.

Que se passe-t-il en attendant? Le gouvernement parlementaire est tombé dans le domaine de la stratégie. Chacun fait son plan de campagne à sa façon, les uns pour se maintenir au pouvoir et les autres pour y rentrer; et comme la possession du pouvoir est, dans ce système, une cause d'impopularité presque inévitable et sans cesse renaissante, il s'ensuit que le premier soin des hommes qui en sortent est de chercher, par tous les moyens possibles, à se relever de cette impopularité. Il est d'usage en pareil cas d'aller *se re-trempér dans l'opposition;* c'est le mot consacré, comme on dirait : Je vais à la campagne ou aux eaux.

L'avénement d'un nouveau ministère est d'ailleurs une occasion de remettre tout en cause; et, à ce sujet, je ne puis me dispenser de signaler particulièrement l'ardeur avec laquelle on le somme de formuler son système et de donner *son programme*, ce qui peut être bon en soi, mais ce que les passions viennent encore à bout de dénaturer. On demande donc un programme, absolument comme on dirait : Mettez votre jeu ; et dès l'instant qu'on est venu à bout de savoir ce que le ministère veut, c'en est assez, de la part de quelques uns, pour vouloir autre chose ou pour ne rien vouloir du tout. Cela est de bonne guerre aux yeux des partis dont la tendance principale a toujours été de subordonner les questions de choses aux questions de personnes.

Et, en effet, ne voyons-nous pas que tout, dans notre siècle, est absorbé par l'esprit de personnalité? Nous avons eu des camaraderies littéraires, et nous avons aujourd'hui des camaraderies parlementaires. On vient se prévaloir hautement à la tribune de ses *amitiés politiques;* on s'y déclare attaché à la *fortune politique* de tel ou tel personnage ; on a des *engagemens politiques* à remplir ; on *se doit* à son parti. Ce sont là les dettes du jeu, dettes d'honneur, par conséquent, qui doivent être acquittées les premières ; après quoi le pays doit être content. Fidélité à son drapeau, à ses amis, à son parti ; telles sont les vertus qu'on nous prêche à satiété, comme si la fidélité au pays ne devait pas être la première et la seule, et comme si nous pouvions porter d'autre drapeau que celui de la constitution!... En voyant tous ces petits drapeaux s'agiter au vent de la discussion, toutes ces fidélités militantes, agencées dans un vaste réseau d'*assurances mutuelles;* ne craindrait-on pas d'avoir à penser que le pays soit fait pour la chambre et non pas la chambre pour le pays?

Que peut faire un ministère arrivé au pouvoir sous de tels

auspices et à la suite de pareilles luttes? Que d'efforts ne lui sont pas imposés pour s'asseoir et se consolider dans une position si péniblement acquise et quelquefois même pour le faire aux dépens de certains principes qu'il a soutenus dans les rangs de l'opposition, mais qui cessent d'être compatibles avec l'exercice du pouvoir et avec le besoin de se former une majorité! C'est alors surtout qu'on est bien forcé de se retrancher à son tour dans les *faits accomplis*, dans les *questions réservées*, dans les considérations d'*inopportunité*, etc., toutes choses qui peuvent avoir un côté vrai dans la pratique du gouvernement, mais à l'égard desquelles on s'est, en d'autres temps, montré soi-même intraitable... Il faut donc à la fois, sur le tout, tenir tête à ses adversaires qui ont bonne mémoire et discipliner ses amis, car on a des comptes à régler avec eux, liquidation souvent bien épineuse; et le moment est à peine venu de pouvoir s'occuper du pays, qu'il faut déjà céder la place à un autre ministère dont les destinées ne sont pas meilleures.

On s'étonne après cela du fractionnement, de l'éparpillement des forces de la chambre. On ne s'aperçoit pas qu'il est dans la nature même de l'esprit de parti, dont on se fait une vertu de mettre en jeu les passions les plus dissolvantes et de substituer un étroit individualisme au sentiment élevé du devoir, à l'action libre et désintéressée de l'esprit : conditions sans lesquelles il n'y a pas de ralliement possible entre les personnes ou entre les idées que ces personnes ont la prétention de représenter. La vérité est que nous n'avons jamais été plus rapprochés qu'aujourd'hui par les idées, plus divisés cependant par des préventions, par des antipathies personnelles et par des engagemens de position.

Quant à moi, frappé que je suis depuis long-temps de la stérilité complète des doctrines de l'école anglaise appliquées à notre gouvernement, persuadé qu'elles ont exercé sur la chambre et sur l'esprit public une influence des plus fatales, et qu'on ne saurait y persister sans un véritable danger pour nos institutions, j'ai pensé qu'il était de mon devoir de protester contre ces doctrines; et, pour en finir à cet égard, il me suffira de rappeler et de compléter en peu de mots les principes que j'ai posés.

Des questions de cabinet.

Dans l'état actuel de nos usages parlementaires il y a, dans chaque session législative, deux grandes occasions pour le député de refuser ou d'accorder son concours au ministère. Ces deux occasions (ce serait peut-être assez d'une) sont, comme je l'ai déjà dit, la discussion de l'adresse et la demande des fonds secrets. C'est alors que sont ordinairement soulevées toutes les grandes questions qui se rattachent à la direction générale de la politique, tant à l'intérieur qu'à l'extérieur. Ces sujets de discussion se composant d'élémens divers, et plus ou moins complexes, on peut se trouver dans des conditions très variées d'accord ou de désaccord avec le ministère ou même avec la chambre. Ce sont autant de cas d'appréciation qui appartiennent à la conscience du député; car, en définitive, il n'a sur le tout qu'une boule blanche ou qu'une boule noire à donner. C'est donc ici que vient se placer tout naturellement, et je dirai même nécessairement, le sacrifice de l'accessoire au principal; et je suis bien aise de rencontrer ici l'occasion de m'expliquer sur ce point (1). Je le ferai en deux mots.

Dans une discussion d'adresse, on vote séparément sur chacun des paragraphes; et chacun de ces votes est une occasion de marquer son assentiment ou son dissentiment. Mon principe est qu'on ne doit se permettre à cet égard aucune déviation de son opinion propre. Vient enfin le vote sur l'ensemble à l'occasion duquel, en cas de dissentiment sur quel-

---

(1) J'ai déjà eu lieu de le faire en partie dans mon écrit intitulé : *Situation parlementaire actuelle,* mai 1838, pages 13 et 14.

ques points plus ou moins importans, il y a lieu de se demander si on peut ou non, toutes considérations prises et gardées,
transiger avec le ministère.

Quant aux questions spéciales ou projets de lois présentés
dans le cours de la session, ce sont encore autant d'occasions
d'exprimer son avis dans un sens contraire ou dans un sens
favorable à celui du gouvernement ; mais je soutiens que,
dans chacun de ces cas, le devoir du député est de conserver
la parfaite indépendance de son vote, et de ne se laisser dominer par aucune influence de personne ou de parti.

Chacune de ces questions peut être aussi très complexe et
donner lieu à une suite de votes différens, les uns d'adhésion,
les autres d'opposition. Quant au vote définitif. il doit toujours être subordonné, bien entendu, à l'appréciation compa-
rée des avantages ou des désavantages de la loi.

C'est au ministère surtout qu'il convient de respecter l'indépendance de ceux qui lui ont accordé leur concours ; et
c'est à lui de s'en montrer jaloux tout le premier, car il doit
tenir à la dignité personnelle et à la considération de ceux
qui le soutiennent. Il le doit dans l'intérêt de son influence
propre et de l'autorité du gouvernement sur l'opinion.

Je connais trop les hommes pour attendre une entière justice et une complète impartialité de la part de ceux qui ne
sympathiseraient pas avec un ministère, et aussi pour ne pas
m'attendre à quelques faiblesses de la part de ceux qui sym-
pathisent avec lui. Cela est dans la nature des choses humaines et rien ne saurait l'empêcher ; mais, encore une fois, je ne
puis trop m'élever contre la doctrine de ceux qui, s'étayant
de ce fait, ont offert à son développement la protection du
régime disciplinaire et en ont glorifié les conséquences au
point de l'ériger en principe de gouvernement. Il n'y a qu'un
pas de cette doctrine aux excès les plus grands de la domination ministérielle ou de l'esprit d'opposition *quand même ,*
au mensonge permanent des majorités factices, à la ruine de
tout esprit public, à l'impuissance, au chaos.

Mais, dira-t-on, vos principes n'ont pas de sanction possible ; et vous le reconnaissez vous-même en avouant que ce qui vous paraît un mal est dans la nature des choses humaines, et que rien ne saurait l'empêcher. Telle est, en effet, la manière ordinaire de raisonner quand on est bien décidé d'avance à rejeter toute espèce d'amélioration. Je réponds d'abord à cela que, si la théorie du vote systématique et du régime disciplinaire était reconnue fausse et dangereuse aussi généralement qu'on la croit bonne, beaucoup de députés qui ne s'y soumettent que par ce dernier motif, et bien malgré eux, seraient heureux de s'en affranchir aussitôt qu'elle leur apparaîtrait sous son véritable jour ; et, comme cette doctrine a été empruntée à l'Angleterre où elle n'a d'autre base que l'antagonisme des intérêts sociaux, comme elle n'a chez nous d'autre base réelle que l'erreur de cette assimilation et d'autre aliment que les intérêts qui s'agitent dans la chambre, il y aurait à la fois dans la démonstration de cette erreur et dans la suppression de ces intérêts, de tous ceux qu'on peut atteindre au moins, deux moyens puissans de remédier au mal ; et c'est pourquoi j'aurais désiré que la proposition de l'honorable M. Remilly pût être adoptée, non pas telle qu'elle a été *exhumée* du sein de la commission chargée de l'examiner, mais telle, à peu de chose près, qu'elle avait été formulée par son auteur (1).

Mais il y a aussi d'autres remèdes à chercher dans une appréciation mieux entendue des conditions d'après lesquelles une question de cabinet peut être acceptée par le ministère, indépendamment des deux grandes questions qui se présentent dans chaque session législative ; et, à cet égard, il y a d'abord une distinction très importante à faire entre les majorités qui se forment sur une question spéciale, et les majorités, dites ministérielles ou de gouvernement, qui se forment

____

(1) Cette proposition vient d'être rejetée par la chambre, au moment où j'écris ces mots.

à l'occasion de la discussion générale de l'adresse ou de la demande des fonds secrets.

Les majorités ministérielles ou de gouvernement, proprement dites, peuvent avoir, en fait, un certain caractère de persistance et d'homogénéité. Ce caractère leur appartiendra d'autant plus qu'elles seront moins factices et plus éloignées, par conséquent, du système que je combats.

Quant aux autres, elles sont de leur nature essentiellement mobiles et variables; et, en effet, nous voyons qu'en dépit même des traditions de la discipline, elles se forment quelquefois d'élémens très hétérogènes en apparence ou de suffrages qui viennent se rencontrer des points les plus opposés de la chambre. On s'en étonne et on s'en plaint, surtout quand ces questions présentent un caractère politique et quand elles paraissent assez graves pour affecter l'existence d'un ministère. On dit à ceux qui font partie de sa majorité : Quoi! vous avez soutenu ce ministère une fois, deux fois, trois fois ; et vous ne le soutenez pas toujours? — Eh, mon Dieu! je voudrais bien pouvoir le soutenir une quatrième, et ce n'est pas pour mon plaisir que je ne le fais pas. — Mais vous vous exposez de cette manière à le renverser. — Je le vois; mais quand cela serait, peut-on sacrifier certains principes? Est-il bien d'aggraver les dangers d'une situation qu'on croit fausse en s'y engageant malgré soi ; et ne vaut-il pas mieux laisser tomber un ministère à temps que de lui prêter une vie artificielle, une vie que tôt ou tard on serait obligé de lui retirer?...

Je sais bien que les ministères en général ont peu de goût pour ces sortes de raisonnemens ; mais j'en ai un autre, et celui-là sera peut-être mieux accueilli.

Puisqu'un ministère a deux grandes luttes à soutenir dans chaque session, je dis que, lorsqu'il a reçu dans ces grandes occasions l'investiture solennelle de la confiance de la chambre à un point de vue général, il ne doit pas accepter légèrement d'autres questions de cabinet, par respect même pour la majorité dont il est l'expression.

Mon principe, à cet égard, en ce qui touche aux questions spéciales ou incidentelles, est qu'il doit laisser tout le monde à l'aise et s'y mettre aussi, constitutionnellement parlant. Voici comment cela peut être entendu.

Ces questions peuvent appartenir à l'initiative du ministère ou à celle des chambres. Dans le premier cas, si, à la suite d'une lutte engagée avec l'une des chambres, il tombe en minorité, c'est à lui de voir s'il peut conserver entre ses mains la responsabilité du gouvernement, s'il doit se retirer de suite ou attendre les épreuves d'une nouvelle session.

Dans la seconde hypothèse, il est bien évident qu'il n'est pas tenu de se retirer devant le vote d'une seule chambre. Il n'y serait tenu constitutionnellement que dans le cas où il les aurait toutes les deux contre lui sur une résolution dont il ne pourrait accepter la responsabilité; et encore est-il bien entendu qu'il a toujours, et dans toutes les positions, son droit de résistance et l'appel au pays, ce qui ne veut pas dire qu'il doive en abuser.

Ces principes ne sont pas neufs, et je ne les donne pas non plus comme étant de mon invention. J'ai cru pourtant qu'il était bon de les rappeler; car ils ont été souvent contestés ou méconnus par ceux-là même qui les avaient prêchés d'exemple étant au pouvoir, et qui, dans leur impatience d'y rentrer, quand ils en étaient sortis, semblaient les trouver très peu constitutionnels... à leur égard... au moins tant que la situation durait.

C'est ainsi que, par un effet même de leur impatience et du besoin de se créer réciproquement des embarras, les aspirans au pouvoir ont fini par altérer les saines traditions du gouvernement représentatif, et par jouer les uns contre les autres un jeu plus serré que ne le comportaient la constitution elle-même et les intérêts du pays.

C'est encore une chose que je n'invente pas; car, en énonçant cette vérité, je ne fais que répéter ce que tous les ministres viennent dire à la tribune les uns après les autres, aussitôt qu'ils sont arrivés au pouvoir. Et, en effet, ne voyons-nous pas que chacun de ces avénemens est une occasion pour eux de prêcher le désarmement des partis, de déplorer les suites fâcheuses de l'instabilité ministérielle et de chercher à nous persuader que nous sommes beaucoup plus d'accord au fond qu'on ne le croit, ce qui est bien vrai ; mais comment alors expliquer cette ardeur si vive à nous persuader le contraire en d'autres temps ?... Est-on bien vénu à proposer la paix quand on a recueilli tous les avantages de la guerre et à dire aux vaincus, pour me servir ici des expressions de l'honorable M. Desmousseaux de Givré (séance du 9 janvier 1840) : Embrassons-nous et que cela finisse !

Il serait sans doute à désirer que la réalisation de ce vœu pût s'accomplir ; et, pour mon compte particulier, je ne m'y suis jamais opposé. C'est ici que je pourrais dire encore avec M. Desmousseaux de Givré : « Je ne m'oppose pas à ce qu'on s'embrasse, mais je ne veux pas que cela finisse. »

Il faut bien reconnaître cependant qu'on ne s'embrasse même pas. Le temps de ces épanchemens est passé. Nous avions autrefois des majorités dites de *confiance*. On a été réduit de guerre lasse à imaginer dans ces derniers temps des majorités de *tolérance* ou d'*assistance* ; et encore, est-il entendu qu'on ne se les donne pas. Tout ce qu'on peut faire est de se les prêter à la petite semaine.

En présence de cette position, je conçois très bien que l'honorable M. Jouffroy ait pu dire dans son rapport du 18 février dernier : « Il n'y a en France de lendemain parfaitement déterminé pour personne : le présent y chancelle toujours ; l'avenir y reste une éternelle énigme. »

Cela est parfaitement vrai ; mais quelle est la cause d'un si grand mal ? Elle est, suivant moi, précisément dans le régime de corruption disciplinaire et systématique auquel on a voulu condamner la chambre des députés. C'est du moins sous l'empire de cette théorie que s'est produite et développée l'anarchie morale dont nous gémissons. Qu'on ne cherche pas d'autre cause à cet état de défiance générale et de prostration qui se retrouve au fond de tous les esprits, à cette dissémination des forces vives de la chambre, à ce fractionnement des partis, à cette déconsidération du pouvoir et à cet affaiblissement du principe de l'autorité dont on se plaint si amèrement. *Celui qui sème le vent recueillera des tempêtes ;* et n'est-ce pas semer le vent que d'ériger en principe de gouvernement l'abjuration de ses sentimens particuliers sur les points les plus importans , que de substituer le culte étroit des personnes à celui des principes éternels de la conscience et de la raison humaines, et de réduire ainsi le gouvernement d'un grand peuple aux proportions d'une politique d'expédiens ?

Du vrai caractère des majorités.

M. Jouffroy, préoccupé du besoin de reconstituer une majorité de gouvernement, nous recommande *d'imiter le pays qui, en politique, ne voit que les montagnes et ignore les collines.* Je le veux bien, mais à la condition qu'on ne prendra pas les montagnes pour des collines ou les collines pour des montagnes, et qu'on se préservera soigneusement de toute illusion d'optique à ce sujet. Cette restriction de ma part est d'autant mieux motivée que le précepte de M. Jouffroy n'est que la reproduction en langage figuré du principe à l'aide duquel nous savons déjà que le blanc peut être pris pour le noir, et réciproquement. Je n'accuse ici ni les intentions ni les personnes ; mais il y a au fond de toutes ces doctrines un faux point de vue que je ne saurais trop signaler.

Je conçois très bien qu'une majorité de gouvernement ne soit pas parfaitement homogène. Il est même impossible qu'elle le soit. Son vrai caractère et sa mission principale sont de représenter dans le gouvernement les grands intérêts du pays, de présider aux transactions qui peuvent s'établir entre eux, et de les protéger contre le despotisme des opinions extrêmes et absolues ; mais pour qu'une majorité soit durable et influente, il importe surtout qu'elle soit aussi vraie que possible au monde et toujours sincère ; et, pour y parvenir, il faut que chaque député subordonne avec le plus grand soin tous ses votes à cette considération. J'ai indiqué précédemment les conditions suivant lesquelles ce précepte devait être entendu et pratiqué.

Mais j'entends déjà qu'on me dit : Prenez garde, en agissant ainsi, c'est-à-dire en vous réservant le droit de voter dans tous les cas, conformément à votre opinion, vous faites *de la critique et non pas de l'action*, vous sortez des véritables conditions du gouvernement représentatif, et vous tombez dans le *gouvernement consultatif*, tel que MM. His et Fonfrède l'ont conçu. Je rencontre, en effet, cette objection dans l'écrit de l'honorable M. Duvergier de Hauranne, et je ne puis la laisser passer sans réponse.

Il y a ici, je dois le dire, une singulière altération du sens attaché dans la pensée de tout le monde au mot de *gouvernement consultatif*. Ce mot a été, si je ne me trompe, employé pour la première fois par l'honorable M. Thiers, en 1831, dans son écrit intitulé : *La monarchie de 1830* ; et voici dans quel cas.

M. Thiers, voulant faire apprécier le véritable caractère du gouvernement fondé par la révolution de juillet, faisait remarquer très justement qu'il n'y avait entre ce gouvernement et celui de la restauration d'autre question que celle-ci : *Le roi est-il tenu ou non de déférer à la majorité des chambres ?* S'il n'est pas tenu d'y déférer, c'est un gouvernement purement *consultatif* établi sur le principe du droit d'un seul. Les chambres émettent un vœu ; mais ce vœu n'oblige pas. Elles sont réduites à un simple système de *remontrances*. Si, au contraire, il est tenu d'y déférer, c'est un gouvernement *représentatif* établi sur le principe de la souveraineté nationale. En un mot, c'est le gouvernement que nous avons conquis ; c'est celui que nous défendons tous et au principe duquel je ne suis pas moins attaché que M. Duvergier de Hauranne.

Or, je le demande : en quoi la liberté d'action que je réclame pour chaque député pourrait-elle porter atteinte au principe en vertu duquel le roi est tenu de déférer au vœu du pays exprimé par la majorité des chambres ? Quel rapport y a-t-il entre l'exercice de cette liberté considéré comme principe et le gouvernement consultatif considéré comme résultat ? Évidemment il n'y a pas le moindre rapport entre ces idées. Loin de là, plus les majorités seront sincères et en rapport avec le vœu du pays, plus elles seront puissantes et respectables, et plus, par conséquent, le roi sera tenu de s'y soumettre et de les respecter.

Ces majorités, il est vrai, ne présenteront pas sur toutes les questions ce caractère de *fixité* et d'*unité* désiré par M. Duvergier de Hauranne. Elles ne seront pas formées, préparées, commandées d'avance. Elles ne se lèveront pas tout d'une pièce, au même endroit, comme un seul homme. Elles se formeront, suivant les libres dispositions de chacun, de suffrages éventuellement réunis ; mais elles n'en existeront pas moins sur chaque question dans un sens favorable ou contraire à l'opinion du ministère ; et je ne vois pas que l'effet du vote en soit le moins du monde atténué. Ce sera tantôt de l'adhésion, tantôt de la critique exprimée par un vote d'opposition ; mais ce sera toujours un vote efficace autant qu'il peut l'être ; et encore une fois je ne vois rien là qui ressemble à un gouvernement consultatif.

On insiste cependant. Ce n'est pas là de l'*action*, dit-on encore, attendu que, dans votre système, un ministère est toujours embarrassé dans sa marche, indécis, *ne sachant sur quoi compter.* S'il fallait me rendre à cette objection, je me croirais en conscience obligé de reconnaître en même temps que les délibérations sont inutiles ou qu'elles seront de pure forme, aussi souvent qu'il s'agira d'une question de quelque importance.

Un ministère doit bien plutôt chercher à conquérir, à se concilier les votes de la majorité, qu'il ne doit s'habituer à compter systématiquement sur elle ; et d'un autre côté, quand le vote de l'adresse ou celui des fonds secrets lui ont donné une majorité de gouvernement, je dis qu'il ne doit pas se retirer facilement devant un échec éprouvé sur une question spéciale.

Ainsi, moins d'exigence et de susceptibilité de part et d'autre en ce qui touche aux questions de cabinet ; moins de confiance ou de défiance *à priori*, de la part du ministère en particulier, relativement au résultat des votes de la chambre, et plus de foi dans la bonté des principes qu'on soutient, dans l'autorité de la raison, des lumières et du talent qu'on peut apporter à la défense d'un projet bien élaboré.

Pourquoi reculer devant cette épreuve ? a-t-on lieu d'être si satisfait des essais tentés jusqu'à ce jour ? et serait-il vrai de dire que les hommes éminens dont la chambre a tant de fois admiré la puissance et l'habileté n'oseraient pas compter sur son suffrage, en s'adressant à ses convictions libres, impartiales et désintéressées ? — C'est ce que je n'ai jamais pensé, quant à moi, dans les conditions de perspective où je me suis tenu constamment pour juger les questions. Je me suis toujours dit, au contraire, que ces intelligences élevées qui appartiennent à la nation ne pouvaient que déchoir en se mettant au service d'un parti.

Laissons donc enfin pénétrer dans la chambre au moins un peu de cet air vital et respirable emprunté à la grande atmosphère du pays. C'est à nos hommes d'état, c'est au gouvernement qu'il conviendrait surtout de renoncer à tous ces expédiens de tactique usée, à tous ces vieux erremens de discipline et de corruption qui affaiblissent le pouvoir et la chambre en les déconsidérant l'un par l'autre. A voir ce qui se passe, on serait tenté de croire souvent que le gouvernement n'a pas de plus grand ennemi que lui-même. Il y a des garanties à obtenir de ce côté : j'aurai lieu d'examiner celles qui ont été réclamées ; mais je puis dire, dès ce moment, que l'esprit d'opposition *quand même* aurait d'autant moins d'activité que le gouvernement, de son côté, lui offrirait moins de prétextes, et qu'il éviterait avec plus de soin d'en provoquer le développement par des exigences de même nature, en sens contraire.

On dirait véritablement que la question des majorités soit devenue la *pierre philosophale* de notre époque. On s'épuise à les chercher par des procédés non moins ruineux que stériles; et malheureusement, dans ce laboratoire de nouvelle espèce, appelé *le parlement*, c'est le pays tout entier qu'on remet tous les jours au creuset. J'ai suivi de près les opérations, j'ai vu à l'œuvre nos alchimistes, et qu'ont-ils fait?.... Sinon de mettre en jeu, comme on l'a dit très justement, des forces divergentes qui se neutralisent et des élémens d'action qui se repoussent au lieu de s'attirer. Reconnaissons donc une bonne fois que le dernier mot de leur science est d'opérer, non pas la fusion, mais la décomposition des forces parlementaires et leur complète dissolution.

C'est une vérité qui commence à luire aux yeux de tout le monde à la chambre. On y paraît généralement pénétré du besoin de s'arrêter, enfin, sur la pente fatale où de malheureuses questions de personnes ont placé le pays. Quant aux moyens, je crois les avoir indiqués suffisamment. Je ne les ai cherchés que dans la constitution elle-même et dans les conditions d'un prompt retour aux principes qu'elle a consacrés, c'est-à-dire dans l'action libre, indépendante et respectée des trois grands pouvoirs de l'état.

Je me suis attaché ensuite à montrer le vide et le danger des doctrines de l'école anglaise appliquées à notre gouvernement, la nécessité de s'affranchir, enfin, des misérables contraintes du régime disciplinaire auquel on a voulu condamner la chambre des députés, régime absurde et immoral en principe, inapplicable en fait au point de vue d'une sanction sérieuse, et qui n'a jamais été qu'un moyen de surprise et de domination préconisé dans l'intérêt de quelques esprits forts, aux dépens des esprits simples et droits, toujours au détriment du pays.

J'ai rappelé enfin les conditions suivant lesquelles les questions de cabinet pouvaient être acceptées par le ministère et résolues par les chambres; et je crois avoir, en ce qui concerne particulièrement celle des députés, fait une part aussi large que possible aux nécessités du gouvernement représentatif et aux besoins d'une grande assemblée qui veut être influente sur le gouvernement.

J'ai demandé la sincérité à tous et la liberté, la dignité pour tous; et je n'ai fait en cela que réclamer purement et simplement le bénéfice de la constitution.

La chambre compte assez d'hommes éclairés, versés dans la connaissance et dans la pratique des affaires, assez de nobles caractères, assez de hautes capacités pour ne demeurer sous aucun rapport au dessous de ce que le pays peut attendre d'elle. On ne saurait, d'un autre côté, suspecter son patriotisme; et cependant nous la voyons s'épuiser politiquement dans des luttes stériles et dans le sentiment d'une sorte d'impuissance. A quoi devons-nous l'attribuer, si ce n'est aux questions de personnes et aux intérêts de parti qui s'agitent dans son sein?

Le mal est en elle et le remède aussi. Ce remède est simple. *A chacun son droit, chacun chez soi,* comme dirait M. Dupin; c'est-à-dire que chacun rentre dans la pleine et entière liberté de son action, dans la moralité, dans la fermeté de son opinion propre et dans le calme de son isolement.

Quand je parle d'isolement, je ne prétends pas qu'on doive se priver des relations particulières qu'il est si utile d'entretenir avec ses collègues, indépendamment des rapports généraux que la chambre établit pour l'instruction de tous. J'entends par ce mot la réserve expressément et sérieusement stipulée de son libre arbitre en tout et partout, l'éloignement de tout ce qui pourrait tendre à en gêner l'exercice et la manifestation, c'est-à-dire, en un mot, l'abjuration de tout esprit de parti; car il est évident pour moi qu'un député qui sacrifie son opinion propre à des engagemens de parti devient aussitôt parjure envers lui-même et envers le pays.

J'insiste beaucoup sur ce dernier point, bien que mon intention ne soit pas d'entrer ici dans tous les développemens qu'il comporterait. *L'esprit de parti* dont on se fait honneur et qu'on essaie de glorifier n'est autre chose qu'une maladie de l'esprit humain, maladie très contagieuse de sa nature, et qui ne peut céder qu'aux progrès de la raison publique et de la civilisation. C'est une lèpre sociale, un reste de barbarie.

Qu'est-ce qu'un parti? disait l'honorable M. Dupin (séance du 5 décembre 1834). « Un parti, c'est une affiliation de gens qui veulent *tout avoir, tout savoir, tout pouvoir.* » Il disait dans la même séance, et toujours au même point de vue : « Rappelez-vous, messieurs, les 300 de M. de Villèle. Malheur au pouvoir qui pourrait ramener à cette discipline un corps comme le nôtre! » Il est constant que M. Dupin n'aime pas plus les affiliations dans un intérêt de gouvernement que dans un intérêt d'opposition. Vous voyez, encore une fois, que je ne suis pas tout-à-fait seul de mon avis.

Je termine cette première partie de mon travail en citant à l'appui des considérations que je viens de faire valoir un passage très remarquable extrait d'un écrit de l'honorable M. Guizot sur la vie et le caractère de Washington. Cette citation prouvera que si M. Guizot s'est montré systématique et homme de parti dans la pratique des affaires, il sait dignement apprécier, comme philosophe et comme historien, des dispositions d'esprit toutes contraires.

« L'élévation de Washington ne fut pas une victoire de parti et n'en inspira à personne les joies ou les douleurs. — Aux yeux, non seulement du public, mais de ses adversaires, il était en dehors et au dessus des partis, le seul homme dans les Etats-Unis, dit Jefferson, qui possédât la confiance de tous. — Il n'y en avait aucun autre qui fût considéré comme quelque chose de plus qu'un chef de parti.

« Il s'était constamment appliqué à conquérir ce beau privilége : « Je veux garder mon esprit et mes actions, qui sont le résultat de ma réflexion, aussi libres et indépendantes que l'air.—Si c'est mon sort inévitable d'administrer les affaires publiques, j'arriverai au fauteuil sans engagement antérieur d'aucun genre sur quelque objet que ce soit.—Les esprits des hommes sont aussi divers que leurs visages. Quand les motifs de leurs actions sont purs, on ne peut pas plus leur imputer à crime leurs idées que leurs traits.—Les dissidences en matière politique sont inévitables, et peut-être, dans une certaine mesure, nécessaires... mais je ressens un vif chagrin à voir des hommes de talent, de zélés patriotes, qui se proposent en général le même but et le poursuivent avec des intentions également droites, ne pas apporter plus de libéralité, de charité dans leur jugement sur leurs opinions et leurs actions réciproques. »

« Etranger ainsi à toute polémique personnelle, aux passions et aux préventions de ses amis comme de ses adversaires, il mettait à garder cette position toute sa politique, et il donnait à cette politique son vrai nom : il l'appelait *le juste-milieu.*

« C'est beaucoup de vouloir tenir le juste milieu ; mais la volonté même, habile et ferme, n'y suffit pas toujours. Washington y réussit par le tour naturel de son esprit et de son caractère autant que par son propre dessein. Il était bien réellement en dehors des partis ; et son pays, en le jugeant ainsi, ne faisait que rendre hommage à la vérité.

« Homme d'expérience et d'action, il avait une admirable justesse, et point de prétention systématique dans la pensée. Aucun parti pris, aucun principe affiché d'avance ne le gouvernait. Ainsi, point d'âpreté logique dans sa conduite, point d'engagement d'amour-propre, ni de rivalité intellectuelle. Quand il l'emportait, son succès n'était pour ses adversaires ni une gageure perdue, ni une condamnation universelle. Ce n'était point au nom de la supériorité de son esprit, mais

au nom des choses mêmes et de leur nécessité qu'il triom-
phait.

« Pourtant son triomphe n'était pas un fait sans moralité,
le simple résultat du savoir-faire, ou de la force, ou de la
fortune. Étranger à toute théorie, il avait foi dans la vérité
et la prenait pour règle de conduite.—Il ne faisait rien qu'il
ne crût avoir raison et droit, en sorte que ses actes, qui n'a-
vaient point un caractère humiliant pour ses adversaires,
avaient néanmoins un caractère moral qui commandait le
respect.

« On avait d'ailleurs de son entier désintéressement la con-
viction la plus profonde : grande lumière à laquelle les hommes se confient volontiers, force immense qui attire les ames
et rassure en même temps les intérêts ; certains de n'être pas
livrés en sacrifice ou comme instrument à des vues personnelles et ambitieuses. »

En faisant ainsi l'éloge de Washington, M. Guizot n'a fait
que proclamer les principes desquels on ne devrait jamais
s'écarter dans la vie publique. A quoi tient-il cependant que
ces principes ne soient pas en honneur au milieu de nous,
puisque nos hommes d'état sont à la fois si capables de sentir
et d'indiquer le bien, si puissans pour le faire triompher,
toutes les fois qu'ils l'ont voulu?....

Je m'arrête un moment. J'ai passé en revue les théories
fondamentales du gouvernement parlementaire. Il s'agit maintenant de l'observer, de l'analyser dans les moyens secon-
daires ou accessoires, et dans les faits les plus caractéristiques
et les plus saillans qui ont été l'expression de ces théories.
Ce sera l'objet de ma deuxième partie.

Mars 1841.

Deuxième partie.

De l'adrésse de la coalition.

Nous avons vu, dans la première partie de cet écrit, que le gouvernement parlementaire était caractérisé surtout par la prétention de substituer au pouvoir royal un pouvoir ministériel émané, pour ainsi dire, exclusivement de la chambre élective, et par conséquent d'attribuer à cette chambre une sorte d'omnipotence aux dépens des deux autres pouvoirs de l'état. Nous avons vu ensuite que, sous l'empire de certaines traditions empruntées à l'Angleterre, la chambre des députés s'était volontairement placée dans les conditions d'un système qui tend à falsifier la composition de ses majorités politiques, et par conséquent à l'affaiblir elle-même en discréditant le principe de son autorité dans le gouvernement. J'avais besoin de rappeler cela comme point de départ, avant d'aller plus loin.

C'est dans cet état de choses et des esprits que s'est formée la coalition parlementaire de 1838. J'ai eu lieu, dans un de mes écrits déjà cités, de vous entretenir des causes qui ont amené cette coalition. Je ne reviendrai pas sur ce que j'en ai dit. J'ai seulement quelques détails à y ajouter.

Dans les doctrines même du gouvernement parlementaire, il semblerait qu'un ministère, appuyé sur une majorité numérique au sein de la chambre des députés, dût être réputé suffisamment parlementaire. En principe et en bonne logique, on serait tenté de le croire, et cependant nous voyons qu'en fait il n'en est rien. Ce n'est pas encore une condition suffisante. Un ministère aurait beau arguer d'une majorité qui lui serait acquise, on s'arroge le droit d'ergoter sur son origine, on veut que cette origine elle-même soit *parlementaire*, et la question une fois placée sur ce terrain vague et mouvant, il y a moyen de dire que la majorité qui soutient un

ministère quelconque est nulle et non avenue par la seule raison qu'elle est mal acquise et qu'elle ne devrait pas exister.
Cette doctrine a vieilli, sans doute, et c'est une arme déjà
bien usée; mais cette arme n'en reste pas moins déposée dans
les arsenaux du gouvernement parlementaire, à la disposition
du premier venu qui ne serait pas personnellement content
d'un ministère et auquel il plairait de soutenir que la minorité
doit gouverner...

C'est encore aux hommes de la coalition que nous devons
particulièrement rapporter le perfectionnement de cette théorie qui, à défaut d'autre mérite, aurait au moins celui d'être
commode. Il était bon d'en prendre acte et de l'enregistrer
ici, quand ce ne serait que pour mémoire.

Il y a encore à l'usage des parlementaires une autre théorie
non moins ingénieuse. Elle consiste *à passer*, comme on dit,
par-dessus la tête des ministres pour aller jusqu'au roi.

La commission de 1839, chargée de la rédaction de l'a-
dresse en réponse au discours du trône, essaya de ce moyen
qu'elle ne put toutefois, malgré son langage mesuré, réussir
à faire admettre. Voici textuellement la phrase élaborée dans
ce but :

« Une administration ferme et habile, s'appuyant sur les
sentimens généreux, faisant respecter au dehors la dignité du
trône, et *la couvrant* au dedans de sa responsabilité, est le
gage le plus sûr de ce concours que nous avons tant à cœur
de vous prêter. » La rédaction est spécieuse, il faut le reconnaître ; et certes il fallait qu'elle le fût beaucoup, pour avoir
pu convenir à tous ceux qui la défendaient.

Ce qui résulte évidemment de ce paragraphe du projet d'a-
dresse est, *qu'il est possible* qu'une administration, c'est-à-dire
un ministère existant, constitué, *ne couvre pas* la couronne de
sa responsabilité. Si une pareille doctrine était admise, il est
évident que le principe de l'inviolabilité royale ne serait plus
qu'une lettre morte. On doit sentir, en effet, qu'il n'y aurait
pas moyen d'empêcher qu'on ne pût s'en appuyer contre tous

les ministères possibles; et c'est à peu près ce qu'on a fait, comme nous le verrons, depuis qu'elle a été imaginée.

C'est donc avec raison que j'ai regardé ce paragraphe comme inconstitutionnel et que j'ai refusé de le voter. L'honorable M. Thiers lui-même l'avait d'avance condamné, lorsque, répondant comme ministre du 11 octobre, en 1834, à M. Odilon-Barrot qui reprochait au ministère, dont il faisait partie, *de ne pas couvrir suffisamment la couronne de sa responsabilité*, il fit entendre ces paroles :

« On prétend que, d'après la direction absurde de notre système, la responsabilité remonte plus haut. Eh bien! cette expression, j'en demande pardon à l'honorable M. Barrot, *n'est pas constitutionnelle.* »

On pourrait se demander ici comment ce qui n'était pas constitutionnel en 1834, aux yeux des hommes d'état du 11 octobre, avait pu cependant, sous l'empire de la même constitution, le devenir en 1839.

Quoi qu'il en soit, c'est à la suite de ces grands noms que l'opinion se passionna pour les théories du projet d'adresse. Il ne fut plus question partout que des conditions d'après lesquelles le roi pouvait être ou n'être pas *couvert*. On disait aux uns, reconnaissez que le ministère du 15 avril ne couvre pas la couronne, ou, en d'autres termes, qu'il est *transparent*, qu'on voit le roi derrière lui. Aux autres plus timides, on se bornait à demander une simple déclaration d'*insuffisance*; et cette déclaration s'accordait d'autant plus volontiers qu'on n'y voyait rien d'inconstitutionnel. Un ministère, en effet, peut être déclaré insuffisant, c'est-à-dire incapable, à un certain degré, de rallier la confiance des chambres et du pays. Bon nombre de députés n'entendaient probablement pas donner à ce mot d'autre signification; mais on venait facilement à bout de l'interpréter après coup dans le sens de l'adresse, en y attachant cette explication que le ministère du 15 avril était *insuffisant... pour couvrir la couronne;* et c'est ainsi que, de force ou de gré, tous les opposans, à quelque titre que ce fût, se trouvaient, du moins en apparence, enrôlés sous le même drapeau. De là tant de mécomptes après la prétendue victoire de la coalition.

Quant à moi, je l'avoue franchement, tout ce grand mouvement qu'on se donnait, cet empressement si officieux qu'on semblait mettre à couvrir le roi tout en le découvrant pour commencer, me tenait en défiance; et ce n'était pas sans raison. C'est qu'en effet la Charte était ici violée de deux manières. On travestissait sous le nom de *gouvernement personnel* un des pouvoirs constitués par elle. On le réduisait à la condition d'un pouvoir simplement nominal, en même temps qu'on sapait sourdement le principe de son inviolabilité; et quand M. Molé, opposant noblement le principe de la responsabilité ministérielle à toutes ces agressions, voulait les détourner de la couronne et les ramener contre lui-même, on lui répondait : *c'est vous qui mettez la couronne sur la tribune et qui découvrez la royauté.*

Ainsi dans les doctrines pures du gouvernement parlementaire, impossibilité de défendre le principe de l'inviolabilité royale ouvertement attaqué sans être aussitôt accusé de le déserter soi-même. Plus de royauté, plus de pairie ! la chambre des députés seule, qui se réduit elle-même à deux ou trois chefs de parti.

Ajoutons que, dans le moment même où de semblables prétentions se produisent, où la chambre des députés s'arroge à elle seule le droit de faire et de défaire les ministres, on y déclame à satiété sur l'équilibre des trois pouvoirs et sur le maintien de leurs prérogatives constitutionnelles, comme si elle n'était pas la première à violer le principe de cet équilibre.

Il va sans dire que la commission de 1839 eut grand soin de protester de son respect pour les principes même qu'elle attaquait. Rien de plus parlementaire, en effet, que ces phrases à double entente, où chacun peut trouver ce qui convient à ses passions. L'adresse de 1839 était, sous ce rapport, assez commode; car il n'est pas, vous le savez, d'opinion violente et radicale qui ne se soit donné carrière en toute liberté sous le patronage de ses rédacteurs.

Cette adresse, en effet, qu'on se le rappelle bien, telle qu'elle a été rédigée, commentée, discutée à la tribune et par les journaux, n'était autre chose qu'un acte d'accusation dirigé, non pas tant contre le ministère Molé, que contre le roi lui-même sur lequel on s'attachait de toutes parts à faire peser la responsabilité du système suivi tant à l'intérieur qu'à l'extérieur, système qu'on s'efforçait en même temps de rendre odieux. Il n'est pas ici question d'examiner si cette politique était bonne ou mauvaise. Je me borne à remarquer pour le moment que d'après la constitution, le ministère seul en était responsable aux yeux des chambres et du pays. C'était donc au ministère et non au roi qu'il fallait s'en prendre. Il ne pouvait y avoir en jeu d'autre question que celle de savoir si le ministère, éditeur responsable du système suivi jusqu'alors avec l'assentiment de la majorité des chambres, avait ou non conservé cette majorité. Rien de plus simple, et telle est en effet l'admirable loi de nos institutions. Chaque pouvoir agit comme il le peut, comme il l'entend, dans la mesure de ses droits, de son intelligence et de sa volonté, le roi comme les deux autres; et c'est là notre garantie contre les excès si souvent éprouvés d'un pouvoir unique ou prépondérant.

Reste, à côté de ces trois pouvoirs agissant librement dans la sphère de leurs attributions, le pays qui juge en dernier ressort et dont l'action, tout indirecte qu'elle soit, n'en est pas moins décisive, en cas d'appel à sa souveraineté.

Cette action se traduit par le maintien ou par le déplacement des majorités dont le roi lui-même est bien obligé de tenir compte dans le choix de ses ministres, attendu qu'il ne ne pourrait pas gouverner sans elles; et puisque nous trouvons cette garantie dans la constitution, puisque nous sommes libres d'en profiter largement, que pouvons-nous demander de plus? qu'avons-nous besoin de tant nous tourmenter?

Ne pourrait-on pas dire aux députés si prompts à s'enflammer là-dessus : quoi! vous avez la tribune, vous avez une place à la chambre où vous pouvez voter tranquillement dans l'inviolabilité de votre conscience et de la loi, vous avez tout le pays derrière vous pour vous soutenir; et vous avez peur!.... De quoi? des empiètemens du pouvoir royal? Oh non!..... c'est le besoin de substituer autant de *gouvernemens personnels* à celui du roi qu'il y a de chefs de parti dans la chambre, en position de se succéder au pouvoir.

Qu'est-ce autre chose que cela, sinon le favoritisme encore et la corruption qui s'en suit, ramifiées à l'infini pour être mis à la portée de tout le monde, un gaspillage des garanties données par la Charte, une sorte de féodalité parlementaire élevée sur les ruines de l'ancienne, une atteinte profonde au grand principe de l'unité et de la centralisation qui protège puissamment la liberté des peuples et qui fait la force des états.

Rien ne dénote à un plus haut degré l'anarchie qui règne aujourd'hui dans les esprits que l'état de l'opinion publique en ce qui touche au principe de la royauté. Parmi les Français d'aujourd'hui, nous en voyons qui font métier de l'avoir en abomination, sans trop savoir pourquoi. D'autres, et ceux-là sont les plus nombreux, paraissent assez indifférens là-dessus, qui pourtant ne seraient pas fâchés que le roi fût respecté, mais qui n'osent pas le dire ou qui ne veulent pas s'en donner l'ennui, ne s'y croyant pas obligés par position. D'autres enfin plus graves ou plus responsables, après avoir essayé de le défendre, inquiets sur eux-mêmes et craignant l'épithète de courtisans, le livrent à la multitude en se lavant les mains comme Pilate.

O Français! sachez donc enfin ce que vous voulez. Après cinquante années de révolutions qui vous ont fait passer par toutes les vicissitudes du despotisme et de l'anarchie, vous avec fondé en 1830 une royauté héréditaire et inviolable, une chambre inamovible et une chambre élective. Est-ce bien cela ce que vous vouliez? tenez-vous encore à cette forme de gouvernement? Vous le dites : eh bien, respectez-la, ne voyez dans la royauté qu'un principe, une institution, car elle ne consiste pas véritablement dans la personne qui la représente. Il n'y a point à se préoccuper sérieusement de ses imperfections ou de ses défauts, puisqu'elle n'agit que sous la responsabilité de ses ministres qui, Dieu merci, ne sont pas inviolables et que vous avez sous la main. Gardez-vous bien de confondre ce principe avec celui dont on essaie de tirer les conséquences et qui n'en serait que la monnaie; et si, bien décidément, vous voulez un roi, pour Dieu, n'en ayez qu'un, ce n'est pas trop, mais c'est assez.

Je n'analyserai pas l'adresse de la coalition dans ce qui concerne les questions de politique extérieure. Il me suffira de rappeler, en deux mots, que cette adresse, où il était dit que le gouvernement devait se montrer *le gardien fidèle de nos alliances,* impliquait cependant la violation des traités les plus solennellement consentis par la France (1). Il est vrai qu'on n'avait pas sérieusement en vue cette violation; mais alors il ne fallait pas présenter l'exécution de ces traités comme une humiliation pour le pays.

Le ministère du 15 avril a dignement soutenu l'attaque; et la victoire lui est restée sur tous les points après une lutte opiniâtre de six jours à la chambre des pairs et de douze jours à la chambre des députés. Il a été ainsi dans la destinée du chef de ce cabinet de voir un moment conjurées contre lui toutes les notabilités parlementaires des deux chambres à l'exception d'une seule, M. de Lamartine; et cette exception, je ne crains pas de le dire, est demeurée honorable non moins pour l'un que pour l'autre.

Je ne terminerai point ce chapitre un peu long déjà, sans rappeler un passage de Tacite que la discussion de l'adresse

____

(1) Les traités concernant la Belgique et Ancône.

de 1839 a rendu célèbre et qui mérite bien d'être relevé, car il est le dernier mot des doctrines du gouvernement parlementaire. *Omnia serviliter pro dominatione.* Tel est, en effet, le résultat de ces doctrines et de la lutte systématique qu'elles tendent à perpétuer entre les pouvoirs et l'état, qu'on ne pourra bientôt plus, quoi qu'on fasse et de quelque côté qu'on se tourne, échapper à cette accusation.

De la dissolution et des suites.

Immédiatement après la discussion de l'adresse, le ministère jugea d'abord à propos de se retirer, comme si la résistance qu'il avait opposée à la coalition ne devait pas s'étendre au delà du besoin de sa défense et de celle des principes fondamentaux de la constitution. Cette résolution pouvait sembler sage eu égard à l'état des esprits dans la chambre et aux préventions qu'on était venu à bout de fomenter dans le pays; mais, tout honorable qu'elle était encore, elle semblait peu constitutionnelle et ne pouvait être justifiée politiquement que par les difficultés de la situation.

Comment concevoir, en effet, qu'un ministère se retire, abandonnant une majorité faible, à la vérité, mais victorieuse; et, d'un autre côté, comment ce même ministère aurait-il pu consentir à demeurer chargé du gouvernement, dans des conditions semblables à celles où il se trouvait placé?

C'est probablement par suite de ces considérations qu'il se trouva poussé au parti extrême de la dissolution de la chambre. On a trouvé cette mesure excessive : elle l'était en effet; mais c'était peut-être aussi le seul dénoûment possible; et je n'y ai vu, quant à moi, que la conséquence fatale des excès qui semblaient l'avoir rendue nécessaire.

A l'époque où cette mesure fut prise, il s'était opéré dans les anciens partis de la chambre un grand travail de décomposition et de transformation au moins apparentes. Il n'y avait plus que deux chiffres en présence ; c'étaient d'un côté les 213 et de l'autre les 221 ; et il n'était plus question que de savoir auquel de ces deux chiffres on appartenait.

Ces deux grandes divisions ne pouvaient même plus, remarquons-le bien, se rattacher à des noms propres ; et le secours des chiffres était cette fois devenu nécessaire. On a essayé, il est vrai, d'y rattacher une idée, en réservant la qualification de *parlementaires* aux 213 et en attribuant celle de *conservateurs* aux 221 ; mais on s'aperçut bientôt que l'idée n'était pas juste, en ce sens qu'elle mettait en opposition deux qualités dont l'une n'excluait pas nécessairement l'autre ; et comme en définitive il y a parmi nous bon nombre de citoyens, parlementaires ou non, qui tiennent encore à *conserver* quelque chose de nos institutions, les chefs de la coalition ne manquaient pas de s'ériger aussi en conservateurs, assurant qu'il y en avait de plus d'une espèce, et ne laissant aux 221 que le mauvais côté de la chose, avec l'épithète d'*ultrà*.

Dans le fait, il n'y avait d'un côté qu'un pêle-mêle d'opinions discordantes, un moment conjurées pour obtenir à tout prix le renversement du ministère, et de l'autre une agrégation d'hommes accidentellement ralliés en présence du péril et malgré quelques dissidences d'opinion, pour la défense des principes fondamentaux que l'adresse de la coalition mettait en cause.

Ces hommes, il ne faut pas l'oublier, appartenaient en effet à des nuances d'opinion différentes. Les uns venaient du centre droit, les autres du centre gauche, quelques uns même arrivaient de la gauche. Il en est enfin qui n'étaient les affiliés systématiques d'aucun parti.

Il suit de ce premier aperçu que les 221 n'ont pu se rallier et s'identifier que sous l'impression d'un sentiment nouveau pour eux, d'un sentiment étranger à toutes questions de personnes et de parti, sentiment qui, réduit à sa plus simple expression, n'était autre chose que la négation des moyens extra-constitutionnels, et je dirai même anti-parlementaires, employés par la coalition.

Je me félicite de pouvoir ici reproduire à l'appui de cette opinion les premières paroles du discours prononcé par l'honorable M. de Lamartine dans une réunion des députés de la majorité qui eut lieu peu de jours après la dissolution de la chambre.

« En présence des circonstances inouïes qui ont coalisé les oppositions les plus divergentes de but et d'intention, en présence de cette confusion parlementaire où il est devenu impossible de reconnaître ses amis ou ses ennemis, puisque tous les principes y sont aussi bouleversés que les hommes, où la constitution n'est pas moins menacée que la liberté, vous avez senti vous-mêmes la nécessité de vous rallier, non point par ce que vous aviez de différent, mais par ce que vous aviez de commun. C'est ce qui me procure aujourd'hui l'honneur de paraître et de prendre la parole devant vous. J'ai combattu plusieurs des lois que vous avez approuvées, je suis demeuré étranger aux partis, aux réunions extra-parlementaires. Dans mon isolement et dans mon indépendance, je ne me suis rattaché qu'à cette devise qui sera celle de ma vie politique, qui est la vôtre à tous : *servir mon pays, aider tous les gouvernemens à bien faire, empêcher tous les gouvernemens de faire le mal.* Mais aujourd'hui qu'une crise des plus graves sépare pour ainsi dire le pays en deux camps, et force les hommes les plus indépendans à se faire inscrire dans l'un des deux, sous peine de les affaiblir tous, je sens le besoin de m'associer à vos efforts et de vous faire compter un soldat de plus. Je me réunis donc aux défenseurs de la constitution et de la paix pour un temps déterminé et pour un but défini. La crise passée, la paix sauvée, nous rentrons tous dans l'indépendance de nos situations. »

M. de Lamartine en définissant ainsi la situation d'une manière si éloquente et si vraie, se définissait lui-même dans ses rapports avec elle ; et c'est à lui surtout qu'il appartenait de la dominer, à lui qui n'ayant accepté le joug d'aucun parti pouvait ainsi librement, dans un cas donné, venir en aide à tous ceux dont il partageait les convictions.

Telle est, en effet, la seule position véritablement digne d'un homme politique, et particulièrement de ceux dont la parole est assez puissante pour influer sur les affaires du pays. Ce qui, dans ma pensée, est le devoir de chaque député, tout obscur qu'il puisse être, est à plus forte raison le devoir de tout homme assez haut placé dans l'opinion pour la contenir ou pour la diriger.

C'est à ce point de vue que M. de Lamartine a constamment subordonné sa conduite politique ; et pour montrer que ce n'était pas de sa part un expédient de tactique, en présence de la coalition, je rappellerai encore ici les paroles qu'il adressait à la chambre en 1835 (séance du 29 avril).

« Les opinions sont en poussière et dans le pays et parmi nous. La décomposition des partis est complète. En vain les partis se galvanisent pour se donner l'apparence de la vie et de la majorité. Je défie un membre de cette chambre de me montrer cette majorité ailleurs que dans ses désirs. Tout se décompose, tout nous crie comme autrefois à la chute des divinités vermoulues : les dieux sont morts, les partis s'en vont. Oui, les partis s'en vont ; et j'en rends grace au génie de la France. Les partis deviennent impuissans et sentent enfin leur propre impuissance. Eh bien ! que ce soit là une leçon pour nous, qu'un haut enseignement en sorte pour le pays ! C'est que le salut commun n'est plus là. C'est qu'il faut qu'un parti plus sage surgisse comme après toutes les révolutions, un parti de ralliement général qui appelant à lui, ou plutôt au pays, tout ce que le pays renferme de probités, de capacités, de dévouement, n'ait plus d'autre passion que le patriotisme, d'autre dogme que l'impartialité. Alors nous pourrons remplacer des ministères, s'ils ne satisfont pas aux circonstances. Alors vous aurez des majorités et des pouvoirs possibles, des pouvoirs qui n'auront pas des majorités de circonstances, mais des majorités de principes derrière eux. »

Si j'insiste sur ces citations, ce n'est pas tant pour en faire honneur à M. de Lamartine que pour en tirer un enseignement profitable, en les rapprochant du simple exposé des faits qui ont suivi la dissolution de la chambre.

A peine renvoyés devant leurs colléges électoraux, la plupart des 213, et particulièrement les chefs de la coalition, sentirent le besoin d'expliquer, en les atténuant, certaines opinions manifestées par eux dans la discussion de l'adresse et qui pouvaient leur faire attribuer des intentions subversives et des tendances extra-constitutionnelles. A les entendre, ils étaient à tort accusés d'avoir agi et parlé dans un sens contraire au respect de la constitution et des traités. C'est donc en repliant leur drapeau, c'est en faisant valoir aussi certains antécédens tout contraires à ceux de la coalition que plusieurs d'entre eux cherchèrent à colorer leur conduite.

La coalition triompha numériquement, comme on le sait ; et les députés qui en avaient fait partie revinrent en majorité. Rien ne pouvait les empêcher, par conséquent, de mettre en action la politique au nom de laquelle ils avaient passionné le pays ; mais on s'aperçut bientôt qu'ils en étaient très embarrassés, notamment à l'égard de la seule question demeurée pendante et dont la solution préoccupait vivement les esprits. Je veux parler de la question de Belgique au sujet de laquelle on avait entretenu et propagé tant d'*illusions.*

Disons maintenant comment la coalition s'est insensiblement dissoute et de quelle manière elle a elle-même abdiqué entre les mains des 221 la prétendue mission qu'elle disait avoir reçue du pays.

Différentes combinaisons ministérielles furent essayées : cinq au moins, depuis le 8 mars au 30 avril suivant. Les explications les plus détaillées furent données à la tribune, et il est demeuré évident pour tous les esprits non prévenus que le non-succès de ces combinaisons ne doit être imputé qu'aux difficultés de la situation elle-même, aux défiances réciproques et aux antipathies des hommes qui la représentaient.

Dans son impatience d'une solution, le roi semblait, pour ainsi dire, avoir abandonné ses pouvoirs à la chambre, à tel point qu'une voix modérée de l'opposition s'écriait : *C'est assez d'abdication comme cela.*

C'est ainsi que la coalition reportait enfin de guerre lasse à la royauté la part de responsabilité qui revenait à celle-ci dans l'obligation de composer un ministère, après avoir essayé de lui en contester le droit. Cette responsabilité commençait à devenir, en effet, trop pesante pour la chambre elle-même ; et ceux-là même qui s'étaient montré les plus prompts à la revendiquer, ne songeaient plus qu'à la décliner.

Mais ce qui doit être surtout bien remarqué, c'est que la coalition, après avoir soulevé tant de passions dans la chambre et dans le pays, maîtresse du pouvoir et condamnée par cela même à faire du nouveau, ne prit à cet égard aucun engagement sérieux, à moins qu'on ne veuille absolument trouver dans le programme de l'honorable M. Thiers et dans les conséquences qu'on pouvait en tirer relativement à l'Espagne un changement de système ; et encore est-il à remarquer que cette question n'avait pas même été soulevée dans le projet d'adresse. Voilà donc en définitive à quoi se réduisait aux yeux du pays tout l'effort de la coalition. Ne rien faire de ce qu'elle avait annoncé, et manifester après coup la prétention de faire à l'égard de l'Espagne une chose qu'elle n'avait pas jugé à propos de demander dans son adresse.

En fait, on continuait si patemment le ministère Molé, que le seul moyen de donner le change à cet égard était de dire bien haut qu'on ne le *continuerait pas.* C'était en effet l'article 1er du programme et le plus important de tous, au dire de l'honorable M. Dupin (séance du 22 avril).

Ce programme formulé par M. Thiers et qui se trouvait convenir à la gauche était en même temps si conforme à la pensée de la majorité qui avait soutenu le ministère Molé, que l'honorable M. Cunin-Gridaine, président choisi par les

221, put y adhérer complétement et de la manière la plus explicite.

On sait enfin que, par suite des divisions qui ne tardèrent pas à éclater parmi les 213, l'honorable M. Passy fut porté à la présidence de la nouvelle chambre avec l'appui des 221 et que cette circonstance fut regardée comme un échec pour la coalition.

C'est ainsi qu'éclairés peu à peu sur les périls d'une situation dont ils n'avaient pas prévu toutes les conséquences et revenus de certaines préventions, les hommes modérés du parti qui venait de triompher nominalement dans les élections sentaient la nécessité d'une conciliation; et deux mois s'étaient à peine écoulés, depuis l'ouverture de la session, que déjà les 221 se retrouvaient en possession de la majorité par suite de l'accession d'une partie notable des doctrinaires et d'une fraction du centre gauche. Il y eut au moins cela de moral et de bon dans les résultats de la dissolution que l'échec matériel des 221 ne servit qu'à mieux faire éclater la bonté de leur cause, en amenant leurs adversaires eux-mêmes à rendre hommage aux principes qu'ils avaient soutenus.

Mais si les esprits tendaient à se calmer dans la chambre, il n'en était pas de même dans le pays. La crise ministérielle se prolongeait d'une manière alarmante; et la presse continuait de présenter le roi comme un obstacle à toute solution possible. Un pareil état de choses était bien de nature à relever les espérances des factions anarchiques; et l'émeute éclata de nouveau.

Ce dénoûment put être considéré comme une suite assez naturelle des préventions qu'on avait entretenues, des passions qu'on avait fomentées. La coalition n'entendait pas, je le sais bien, qu'on traduirait ses doctrines en coups de fusil dans la rue; mais il n'y a pas si loin qu'on le croit d'un principe à ses conséquences extrêmes.

Il était bien naturel, en effet, que le parti républicain se crût appelé à profiter directement d'une lutte qui flattait les instincts révolutionnaires et qui , en définitive , était entreprise contre la royauté. C'était exactement la contre-partie de celle qui avait été tentée par le gouvernement de la restauration contre le principe parlementaire ; et, chose assez remarquable , il se rencontra, dans chacune de ces occasions, 221 députés étroitement unis pour la défense du principe constitutionnel.

L'honorable M. Royer-Collard a été comme interprète du sentiment de la chambre en 1830, et par son discours aux électeurs de Vitry en 1839, la plus haute et la plus solennelle expression de ces deux grandes luttes.

Ministères des 12 mai, 1er mars et 29 octobre, considérés dans leurs rapports avec le principe parlementaire.

Ministère du 12 mai.— Projet de loi de dotation. — Adresse du 16 janvier 1840. — Le ministère du 12 mai n'a été ni plus parlementaire , ni moins constitutionnel que celui du 15 avril. Peut-être a-t-il été cependant moins heureux dans ses efforts pour couvrir le roi , bien que son dévouement n'ait pas moins éclaté dans la manière dont il s'est formé que dans les circonstances qui ont amené sa dissolution. Né de la coalition et improvisé en face de l'émeute, il a succombé sur une question dont le principe était, il faut l'avouer, bien peu conciliable avec de tels précédens.

Le projet de loi de dotation soulevait d'abord une objection de principe fondée sur la réserve faite par le roi de son domaine privé , réserve qui semblait avoir déchargé l'État de de toutes espèces d'obligations relatives à l'établissement particulier des princes de la famille royale. Ce projet arrivait d'ailleurs à la discussion dans des circonstances très-défavorables, attendu qu'il rencontrait devant lui toutes les préventions, toutes les passions qui venaient d'être soulevées contre le roi lui-même et contre le principe de son pouvoir ; et ce qui rendait la position du ministère assez difficile, c'est qu'à part un de ses membres, il émanait tout entier du mouvement de cette opposition. C'est peut-être aux circonstances de cette fausse position qu'il faut attribuer en partie le silence qu'il a gardé dans la discussion générale et qui lui a été tant reproché. Quoi qu'il en soit, la chambre crut devoir arrêter la suite d'un débat que le ministère avait semblé peu empressé d'aborder.—Parmi les députés qui ont voté contre le projet, il en est, dit-on, qui n'ont cédé qu'à un sentiment d'opposition ou d'hostilité contre le ministère, et qui, cette considération mise à part, auraient pu voter autrement. Ceci mérite d'être noté comme une des conséquences ordinaires de l'esprit de parti systématique. On sait, en effet, que cette manière d'agir y est expressément recommandée comme une des conditions les plus essentielles de la *sincérité* du gouvernement représentatif, et que c'est là le triomphe du principe parlementaire établi sur les traditions du régime anglais. J'en ai usé, quant à moi, bien différemment, car il n'entrait certainement pas dans les besoins de mon esprit de renverser le ministère ; et cependant je n'ai pas cru pouvoir accepter le projet.

Le ministère du 12 mai n'a gouverné, au surplus, qu'en s'appuyant sur l'opinion des 221. Il n'y a eu cependant, quoi qu'on en ait dit, de part et d'autre, aucune espèce de transaction contraire aux principes ; et cela par une bonne raison, c'est qu'entre les 213 et les 221 (les opinions extrêmes et les questions de personnes étant mises à part) il n'y avait aucune question de principe engagée sérieusement. La partie mécontente ou désappointée de la coalition disait à ce sujet, tantôt que le 12 mai s'était fait le *bagage* des 221, tantôt que les 221 étaient devenus le *mobilier ministériel* du 12 mai. Des griefs analogues ont été reproduits sous le ministère du 1ᵉʳ mars. Rien de tout cela n'était vrai, même sous ce dernier ministère, ainsi que nous le verrons tout-à-l'heure.

A ce sujet, constatons d'abord un premier fait très-important, c'est que l'honorable rapporteur de la commission du projet d'adresse qui a été discuté au commencement de la session de 1840, M. de Rémusat, pressé par M. de Chasse-loup-Laubat de s'expliquer sur le sens qu'il attachait au mot de gouvernement *parlementaire*, en donna une définition qui rentrait parfaitement dans l'opinion de ceux qui s'en tiennent au gouvernement *constitutionnel*, c'est-à-dire au gouverne-ment de la constitution. Il disait ainsi dans cette occasion (15 janvier 1840) *que tous les pouvoirs qui composent le gou-vernement représentatif sont également essentiels, qu'aucun ne peut avoir de supériorité sur les autres, et que quand, par le mal-heur des temps, il s'élève un différend entre eux, le vœu national, constitutionnellement consulté, juge en dernier ressort, et que son jugement fait loi.* N'est-ce pas là précisément l'opinion que je défends, l'opinion soutenue par les 221 contre la coalition elle-même à laquelle on pouvait attribuer, non sans raison, la prétention de revendiquer une sorte d'omnipotence ou de prééminence au profit de la chambre des députés, car elle a fait, Dieu merci, sonner assez haut cette prétention ?

L'argumentation de M. de Remusat se réduisait donc en définitive à ceci : *Passez-nous le mot, nous passons condamna-tion sur la chose;* et M. de Chasseloup-Laubat pouvait ainsi se féliciter très légitimement d'avoir *conquis* cette explication au profit de l'opinion à laquelle il appartenait. La vérité est qu'on était sur le tout passablement d'accord, ainsi que vous le voyez.

Ministère du 1ᵉʳ mars. — Le principe parlementaire et celui de l'inviolabilité royale éludés ou méconnus.—Fausse position des partis et des pouvoirs de l'état.—La formule adoptée par ce ministère était *de ne gouverner ni avec la gauche contre les 221, ni avec les 221 contre la gauche.* Il y avait là une pensée de transaction bonne en elle-même et puisée dans un senti-ment vrai de l'état des choses, en ce sens que les partis con-stitutionnels de la chambre étaient, dans la réalité, beaucoup moins divisés qu'ils ne le croyaient eux-mêmes ; et c'est ce que savait très bien l'honorable M. Thiers. Il ne s'agissait que de le faire entendre à tout le monde et d'arrêter les bases d'un rapprochement. La discussion s'ouvrit sur une demande de fonds secrets.

Le programme de M. Thiers était connu. Son opinion sur la question d'Orient ne semblait pas contraire à celle de la chambre ; et quant à certaines questions de réforme politique, on s'en tenait à une simple révision des lois de septembre, ou, en d'autres termes, à ce qu'on était convenu d'appeler *la définition de l'attentat*. Rien de neuf, et rien de plus que ce qui était consenti depuis long-temps.

Ce qu'il y avait de contradictoire et de faux dans cette situation, c'est que le ministère du 1er mars, issu de l'opposition, n'en apportait cependant pas les principes au pouvoir et semblait au contraire y apporter, comme le ministère du 12 mai, ceux de l'ancienne majorité. Le rapport de M. de Broglie à la chambre des pairs est un document très curieux à consulter sous le point de vue que je viens de signaler ici. Cette situation fausse a pesé sur tous les actes du ministère du 1er mars, et si la transaction tentée par lui ne s'est pas opérée franchement dans les esprits, c'est que les partis ne transigent pas comme les personnes.

L'honorable M. Thiers a néanmoins profité de sa position pour rendre à la cause de l'ancienne majorité qui a si long-temps été la sienne, des services que j'appelle indirects ; et cette ancienne majorité ne l'a peut-être pas assez remarqué. Quoi qu'il en soit, toute transaction sérieuse entre elle et la gauche était réellement impossible, eu égard aux défiances entretenues par les traditions de l'esprit de parti dans la chambre ; et M. Thiers a subi comme tous les ministères les conséquences de son origine. Il ne pouvait, tout le premier, se dissimuler que son point d'appui nominal était ailleurs que dans les rangs de l'ancienne majorité, qu'il venait de la gauche, et qu'il serait en définitive obligé de s'appuyer sur elle.

Cette nécessité ne se fit sentir cependant qu'à l'époque où les complications de la diplomatie européenne amenèrent la signature du traité du 15 juillet 1840. M. Thiers eut beau essayer de se retrancher dans la politique expectante ou de paix armée qu'il avait si éloquemment inaugurée lui-même au sujet de la question d'Orient (discours du 13 janvier 1840), il ne tarda pas à être débordé et entraîné sur le terrain d'une politique qui cessait d'être la sienne, et son ministère ne put résister long-temps aux conséquences de cette fausse position.

Remarquons en finissant que la grande mesure des fortifications de Paris et la formation de nouveaux cadres régimentaires décrétées par ordonnances, ont pu être considérées comme une atteinte à l'intégrité du principe parlementaire, tandis que, d'un autre côté, le ministère du 1er mars, en éludant la responsabilité d'une partie de ses actes au sujet des affaires d'Orient, ne couvrait la couronne que d'une manière *insuffisante*. C'est ainsi que, par une sorte de fatalité attachée aux actes de ce ministère et contrairement à ses véritables intentions, toutes les saines traditions du gouvernement constitutionnel étaient de plus en plus délaissées.

Le ministère du 1er mars a été, sous certains points de vue, la réalisation de cette espèce de gouvernement défini par M. de Lamartine en 1839 et caractérisé sous le nom de *directoire parlementaire* (1). — On lui devra les fortifications de Paris.

Ministère du 29 octobre. — Adresse du 7 décembre 1840. — Un dernier mot sur le principe parlementaire et sur la coalition. — La discussion de l'adresse en réponse au discours du trône du 5 novembre 1840 ayant amené de la part de MM. Berryer et Garnier-Pagès de nouvelles atteintes au principe de l'inviolabilité, M. Guizot s'attacha, comme ministre, à les repousser et à faire sentir à la chambre tout ce que ces attaques avaient de

(1) Discours prononcé dans la réunion des 221.

contraire à la constitution, ce qui fournit à M. Garnier-Pagès l'occasion de dire que M. Guizot s'était lui-même écarté de ce principe, à l'époque de ses luttes contre le ministère Molé. Le malentendu de la coalition ne pouvait être, il faut l'avouer, mieux révélé que par cet incident.

De son côté. M. Dupin, comme rapporteur du projet d'adresse, insista au nom de la commission sur la nécessité de mettre un terme à ces mêmes attaques dirigées parlementairement contre la personne du roi. Il disait à ce sujet (séance du 5 décembre) : « De même que l'année dernière on a proclamé le principe parlementaire, la commission a cru utile de rappeler le principe de l'inviolabilité royale ; car, à aucune époque, il n'a été plus méconnu que depuis quelque temps. — Quand on met les ministres de côté pour porter les attaques au delà, c'est le plus grand mal qui puisse affecter la constitution. » Ces paroles ne furent point contredites ; et le vote de l'adresse fut le signal d'un retour véritable aux principes constitutionnels.

Une des plus grandes préoccupations de M. Guizot, lors de son avénement au ministère, était de contenir ce qu'il appelait l'*entraînement national exploité par l'esprit révolutionnaire*. Il voyait là une cause de désordre à l'intérieur et, par suite, d'affaiblissement contre les puissances de l'Europe que la manifestation de ce mouvement tendait à rallier contre nous. La vérité est que la situation était, sous ce rapport, embarrassante et digne d'une attention sérieuse.

Il fallait au moins rendre d'abord aux pouvoirs de l'état la plénitude de leur influence et de leur autorité sur l'esprit de la nation. Ce résultat fut encore obtenu grace à la sagesse de la chambre et à l'attitude du ministère dans la discussion de l'adresse.

Je viens d'analyser avec attention ce grave incident du *gouvernement parlementaire*, et je n'y ai trouvé que le chaos et le néant. — La coalition n'a été autre chose qu'un expédient de tactique imaginé pour en faire triompher le principe ; et, à cet égard, il me sera bien permis de rappeler, en finissant, que les coalitions en général n'ont jamais été jugées plus sévèrement que par M. Thiers (1) et par M. Duvergier de Hauranne (2).

Le *gouvernement parlementaire* n'est pas dans la Charte. Il y a dans la Charte, comme élément de notre gouvernement constitutionnel, un *principe parlementaire*, expression du pouvoir ou de l'action des deux chambres et non pas d'une seule. Ce principe a pour contre-poids l'action du pouvoir royal exprimée par le ministère, action toujours inviolable dans la personne du roi, mais toujours attaquable dans celle des ministres qui représentent cette action et qui en acceptent la responsabilité.

Le dernier mot du gouvernement constitutionnel est celui des majorités. Ce dernier mot (*ultima ratio*) n'est autre chose que la volonté du pays régulièrement exprimée dans les limites et suivant les formes établies par la constitution. C'est là notre gouvernement. C'est celui que la France a conquis après cinquante années d'épreuves et de vicissitudes et qu'elle aura la sagesse de conserver.

Tout système qui tendrait, soit à élever le pouvoir royal au-dessus du pouvoir parlementaire, soit à développer ce dernier principe aux dépens du pouvoir royal, et au-delà des limites qui lui sont assignées par la constitution serait une cause de ruine. Il y aurait un égal danger de part et d'autre ; et c'est là ce que j'ai voulu démontrer.

D'après ce que j'ai été en position d'observer, je suis fermement convaincu que des tentatives de ce genre auraient infailliblement pour effet de nous affaiblir à l'intérieur aussi bien qu'à l'extérieur et qu'elles ne pourraient se faire aujourd'hui qu'au profit des partis anarchiques.

(1) *Monarchie de* 1830, chapitre 10 et dernier.
(2) Discours du 11 janvier 1836.

Il n'y a qu'un moyen pour nous d'être forts et respectés, c'est de nous respecter nous-mêmes aux yeux de l'Europe attentive et défiante, c'est de ne pas remettre tous les jours en question le gouvernement que nous nous sommes donné, c'est de vouloir en effet *la vérité*, *la sincérité* de ce gouvernement dans *toutes* ses conséquences ; et pour cela, nous devons, bien entendu, ne pas commencer par en attaquer le principe.

Diverses questions
de politique intérieure et extérieure.

Je pensais terminer mon travail par un analyse rapide des questions de politique intérieure et extérieure à la solution desquelles j'ai pris part, et sur lesquelles je n'ai pas encore eu lieu de m'expliquer. Ces questions diverses ayant été discutées et résolues sous l'influence des fausses théories dont la réfutation vient de m'occuper, j'aurais pu chercher à tenir compte de cette influence et la signaler en passant; mais la part en eût été difficile à faire et serait devenue peu appréciable, peut-être, à côté des conséquences ordinaires de l'esprit de parti qui s'agite dans la chambre, et qui s'exerce aussi bien dans le gouvernement constitutionnel proprement dit que dans cette variété de création nouvelle à laquelle on a réservé le nom de gouvernement parlementaire. On peut dire, en somme, à l'égard de celui-ci, que les théories qui lui sont propres et les moyens dont on s'est servi pour le faire triompher, n'ont eu d'autre effet que d'aggraver dans la chambre un état de choses habituel et indépendant de cette complication. — Quant aux questions que je me proposais d'analyser, permettez-moi de m'en tenir à un succinct exposé de mes votes et de leurs motifs.

Les moyens d'action dont le gouvernement peut user et abuser dans l'intérêt systématique de sa défense ont été, depuis quelques années, l'objet des attaques les plus persévérantes. On lui a reproché tous les genres d'abus que cette action peut impliquer. Reste à savoir si l'opposition, devenue gouvernement, mettrait en pratique un système différent: c'est ce que j'ai peine à supposer. Les abus dont on se plaint ne sont en effet que la conséquence fatale et, en quelque sorte, obligée du régime disciplinaire, organisé traditionnellement dans la chambre aussi bien du côté de l'opposition que du gouvernement. Quoi qu'il en soit, j'ai saisi toutes les occasions de voter dans un sens favorable à la réforme des abus que je viens d'indiquer d'une manière générale.

Une des questions les plus débattues, dans ces dernières années, a été celle de la *réforme parlementaire*. Beaucoup de propositions conçues dans ce but ont été présentées depuis 1830. — Il me suffira de les rappeler par les noms de leurs auteurs, MM. Gauguier, Remilly, Pagès et Mauguin, Ganneron. La chambre a eu à se prononcer sur ces différentes propositions, dans le cours de la législature actuelle. Elle avait déjà eu lieu de se prononcer en 1834 sur une proposition de M. de Mosbourg, tendant à interdire aux députés certaines spéculations (1). De toutes les propositions sur lesquelles j'ai eu à voter, le principe posé par M. Remilly m'a paru le meilleur. Ce principe a été reproduit dans la proposition faite en dernier lieu par M. Ganneron, et c'est à ce point de vue seulement que j'ai pu la prendre en considération.

Pendant que M. Ganneron reproduisait le principe d'une réforme parlementaire, M. Ducos posait celui d'une *réforme électorale*. La proposition de ce dernier m'a paru également susceptible d'être prise en considération, dans l'ordre des principes et des idées qui sont la base du système électoral actuel.

Quant à la proposition de M. Golbéry, ayant pour objet la publication d'un Bulletin des séances des chambres, je n'ai pas pensé qu'elle fût susceptible d'aboutir à des résultats aussi importants que son auteur le supposait. Cette proposition m'a paru cependant digne d'être examinée; et j'ai dû, par conséquent, la prendre en considération. La seule chose à faire, suivant moi, dans l'ordre des idées dont M. Golbéry se préoccupait, c'est l'organisation franche et avouée d'une

(1) Cette proposition a été rappelée par M. de Mosbourg, en 1841, dans une lettre adressée au *Journal du Commerce* (n° du 9 avril).

presse instituée pour la défense des doctrines du gouvernement; mais le développement de ma pensée sur ce point me conduirait trop loin pour être placé convenablement ici.

Plusieurs autres questions d'un grand intérêt politique intérieur ont été discutées dans le cours des dernières sessions. J'ai persisté, à l'égard de la conversion des rentes, dans le sentiment que j'ai déjà eu lieu de vous faire connaître, et qui me portait à rejeter tout système de conversion avec augmentation de capital. J'aurais pu consentir à un système de réduction au pair à 4 1/2, à la condition toutefois qu'une exception serait admise en faveur des communes et des établissemens publics. Cette exception n'ayant pas été admise, j'ai rejeté le dernier projet, comme j'avais déjà rejeté le premier, avec d'autant plus de raison qu'il me restait des doutes sur l'équité de la mesure. — Je me suis associé aux différens votes de la chambre sur les chemins de fer, en regrettant néanmoins que les études n'en aient pas été plus complètes et les systèmes financiers, relatifs à leurs exécutions, plus efficaces, au moins jusqu'à présent. — Quant à la question des sucres, une principale considération m'a frappé. L'industrie indigène a été, depuis long-temps, tellement encouragée par le gouvernement, qu'il faut aujourd'hui, de deux choses l'une, ou la protéger efficacement, ou l'indemniser équitablement, dans le cas où il serait définitivement bien reconnu que les grands intérêts maritimes et commerciaux qui se rattachent à la conservation de nos colonies en exigent la suppression. C'est dans l'espoir d'une conciliation possible entre les intérêts des deux industries que j'ai voté le dernier projet de loi qui a été présenté sur cette question. — Mon opinion à l'égard du recensement des valeurs imposables est qu'il doit être fait par les agens de l'administration des finances qui, seule, est en position de donner à ce travail un caractère d'unité et d'uniformité; et qui n'a d'ailleurs aucun intérêt à faire peser l'impôt d'une manière inégale sur les communes ou sur les citoyens; mais que, dans tous les cas possibles, il est nécessaire que les administrations municipales des communes recensées soient saisies du travail des contrôleurs et mises en position de pouvoir en contredire au besoin les résultats. Le concours *consultatif* des maires ou de leurs délégués, dans le cours de l'opération, m'aurait semblé pouvoir être admis; mais cette espèce de concours n'a pas été indiqué dans les résolutions qui ont été adoptées par la commission du budget, d'accord avec le gouvernement. Toute intervention plus active de la part des administrations municipales pourrait être, selon moi, dangereuse, en raison des conflits qu'elle ne manquerait pas de faire naître, et préjudiciable à certaines communes, eu égard à l'infériorité relative de leur influence; et c'est à ces considérations que mes votes ont été subordonnés. J'ai cru devoir écarter les propositions qui ont été faites à ce sujet, dans la discussion de l'adresse et des crédits supplémentaires, comme tendant à créer des embarras politiques et comme allant d'ailleurs au-delà de ma pensée, si je dois en juger par les commentaires auxquels ont donné lieu ces propositions.

J'ai voté, relativement à la question d'Orient, tous les crédits et armemens qui ont été demandés. Je me suis rattaché d'ailleurs à la solution donnée par le ministère du 29 octobre à cette importante question. — Je n'ai pas pensé que les fortifications de Paris pussent mettre nos libertés intérieures en péril; et je les ai votées dans l'intérêt de la défense du royaume. — J'ai voté également tous les crédits demandés pour la défense de nos établissemens dans l'Algérie, et pour le maintien de notre occupation. Je suis néanmoins plus partisan d'une occupation restreinte que d'une occupation étendue. — J'ai enfin partagé le sentiment général exprimé par la chambre, au sujet du traité concernant le *droit de visite.*

Je termine ici mon exposé, regrettant de n'avoir pu l'étendre encore à d'autres questions; mais j'ai cru devoir en réserver spécialement le cadre au développement de la question parlementaire qui n'a cessé d'occuper les esprits depuis 1830, et qui, devenue assez grave en 1839 pour amener la dissolution de la chambre, a été mêlée à la plupart des grandes questions de politique intérieure et extérieure dont la chambre a été saisie dans le cours des deux législatures auxquelles j'ai pris part.

J'ai l'honneur d'être, avec une haute considération,

Messieurs,

Votre tout dévoué concitoyen,

RENARD-ATHANASE.

Mai, 1842.